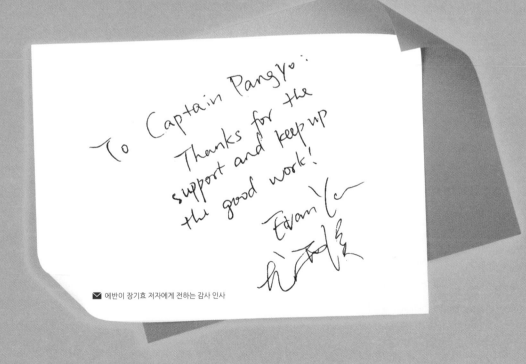

✉ 에반이 장기효 저자에게 전하는 감사 인사

Vue.js 창시자 에반 유를 만나고 왔어요!

저자 장기효 님이 Vue.js 최신 동향을 다루는 VueConf US 2018에 다녀왔습니다. 컨퍼런스에서 Vue.js 창시자인 Evan You가 직접 진행하는 워크샵에 참여하고 《Do it! Vue.js 입문》을 선물했다고 하네요!

세상의 속도를
따라잡고 싶다면

Do it!

예제로 이해하고 **실전 프로젝트로** 완성한다!

Vue.js 입문

일단 만들어라! **실무에 사용되는 기술 90%**가 저절로 익혀진다!
Vue.js 현업 개발자이자 **국내 최초 Vue.js 전문 강사**가 엄선한 핵심 노하우!

실무자는
3일 완성!
입문자는
7일 완성!

CAPTAIN PANGYO 장기효 지음

이지스 퍼블리싱

세상의 속도를 따라잡고 싶다면 **Do it!**
변화의 속도를 즐기게 될 것입니다.

Do
it!

Do it!
Vue.js 입문

초판 1쇄 발행 • 2018년 02월 05일
초판 9쇄 발행 • 2023년 01월 30일

지은이 • 장기효
펴낸이 • 이지연
펴낸곳 • 이지스퍼블리싱(주)
출판사 등록번호 • 제313-2010-123호
주소 • 서울시 마포구 잔다리로 109(우편번호 04003)
대표 전화 • 02-325-1722 | **팩스 •** 02-326-1723
홈페이지 • www.easyspub.co.kr | **페이스북 •** www.facebook.com/easyspub
Do it! 스터디룸 카페 • cafe.naver.com/doitstudyroom | **인스타그램 •** instagram.com/easyspub_it

총괄 • 최윤미 | **기획 및 편집 •** 홍연의 | **IT 2팀 •** 박현규, 신지윤, 한승우
교정교열 • 김연숙 | **표지 및 본문 디자인 •** 트인글터 | **인쇄 •** 보광문화사
마케팅 • 박정현, 한송이, 이나리 | **독자지원 •** 박애림, 오경신
영업 및 교재 문의 • 이주동, 김요한(support@easyspub.co.kr)

ISBN 979-11-88612-78-9 13000
가격 15,000원

"Vue.js의 초점은 더 많은 사람들이
쉽게 웹 앱을 만들 수 있도록
도와주는 데 있다."

에반 유(Vue.js 창시자)

급격히 변화하는 프런트엔드 기술!
바쁜 개발자의 시간을 절약해 주는 빠른 입문서로 시작하세요!

자고 일어나면 공부할 게 늘어나는 웹 분야. 왜 Vue.js를 선택해야 할까요?

약 30년의 역사를 가진 웹은 지금 가장 무서운 속도로 성장하며 변화하고 있습니다. 스마트폰이 우리에게 가져다 준 편리함처럼 웹 앱 분야 역시 사용자들에게 더 나은 사용자 경험(User Experience)을 제공하기 위해 각종 신기술을 선보이고 있습니다.

이 급격한 변화의 중심에는 프런트엔드 기술들이 있습니다. 웹 앱을 개발해야 하는 웹 분야 종사자들에게는 늘 새로운 것을 배워야 하는 현실이 야속하기만 할 겁니다. 매일 새로 배우는 것도 쉽지 않은데 어렵기까지 하니까요. 이런 현실에 누구보다 깊이 공감한 뷰 창시자 에반은 고된 학습의 고통에서 벗어나 누구나 쉽게 웹 앱을 만들었으면 좋겠다는 바람으로 Vue.js를 만들었다고 합니다.

프런트엔드 개발 실무자의 입장에서 Vue.js의 전망이 밝아 보이는 가장 큰 이유는 '진입 장벽이 낮다'는 것입니다. 배우기도 쉽고 성능까지 우수하죠. 이러한 이유로 어도비, 깃랩(GitLab) 등 많은 기업에서 Vue.js를 도입하고 있으며, 웹 분야에서 일하는 사람들에게 큰 관심과 사랑을 받고 있습니다.

지금 당장 실무에 써먹을 수 있는 핵심 기술부터 배우세요!

이 책은 Vue.js가 궁극적으로 추구하는 '더 많은 사람들이 웹 앱을 쉽게 개발할 수 있도록 만들어진 프레임워크'라는 가치에 집중했습니다. 자주 사용하지 않거나 어려운 기술에 대한 설명은 과감히 뒤로 배치하고, Vue.js로 화면을 개발할 때 필요한 필수 지식과 개념부터 쉽고 빠르게 학습할 수 있도록 구성하였습니다.

또한 세계적인 코딩 교육 사이트들이 사용하는 학습 방식을 적용하였습니다. 가능한 한 간단히 개념과 이론을 설명하고 이해한 내용을 '예제'와 '직접 해보세요' 코너를 통해 실제 코딩하며 바로바로 습득할 수 있게 구성하였습니다. 그리고 배운 내용을 종합하여 최종 웹 앱까지 만들어봄으로써 Vue.js로 어떤 화면과 애플리케이션이든 개발할 수 있다는 자신감을 가질 수 있습니다.

온·오프라인 강의를 통해 터득한 왕초보의 눈높이로 설명합니다!

저는 제 강의를 수강하는 분들에게 짧은 시간 안에 효율적으로 웹 앱 화면을 개발하는 방법을 가르쳐야 했습니다. 그래서 Vue.js를 선택했습니다. 여러 프레임워크 중 가장 쉬워 보였기 때문입니다. 그리고 3시간 동안 제 강의를 듣고 난 수강생 한 분이 웹 앱을 만들어 왔습니다. 바로 이 책 06장에 나오는 할 일 관리 앱입니다. 3시간 만에 Vue.js를 이해하고 실제로 화면을 개발할 수 있게 된 것이죠.

이 책은 그때의 수업에서 사용한 교재를 바탕으로 실제로 애플리케이션을 제작할 때 필요한 기본 지식들을 꼼꼼히 챙겨서 엮고 보충한 책입니다. 온·오프라인 수업을 진행하면서 깨달은 수강생의 눈높이에 맞추어 설명했으며 수업 때 받았던 질문에 대한 답을 모두 책에 녹여냈습니다. 또한 처음 Vue.js를 배울 때 어려울 수 있는 부분들은 모두 이해를 돕기 위해 그림과 코드를 사용하여 최대한 쉽게 설명을 풀어냈습니다.

감사의 말을 전하며...

이 책을 이지스퍼블리싱이라는 좋은 출판사와 함께 출간할 수 있도록 이끌어 주신 김영준 대리님과 이지연 대표님께 감사드립니다. 그리고 평일과 주말을 구분하지 않고 밤 늦은 시간까지 함께하며 좋은 책을 쓸 수 있게 헌신해 주신 홍연의 편집자님께 진심으로 감사를 드립니다. 책의 편집 작업에 함께 해준 소중한 친구 이세호, 기술 검수와 베타 리딩을 도와주신 김우현 님과 노현우 님께도 감사 인사를 전합니다. 그리고 집필이라는 힘든 여정 속에서 든든한 지원자 역할을 해주신 사랑하는 부모님께 감사드립니다. 끝으로, 멋진 책을 쓸 수 있도록 시작과 끝을 함께 해준 나의 소중한 사랑 유림이에게 이 책을 바칩니다.

장기효 드림
jangkeehyo@gmail.com

"Vue.js 핵심 기술을 익히며 최신 웹 트렌드에 대한 통찰력까지 키우고 싶다면?"

Vue.js 프레임워크를 활용한 웹 앱 개발 입문자의 필독서!

'내 꿈은 세상을 이롭게 하는 것이다'라고 외쳤던 저자가 이제 《Do it! Vue.js 입문》으로 그 꿈에 한 발자국 더 다가서려 한다. 이 책에는 웹 앱 개발이 무엇인지 쉽게 이해하고, 독자들로 하여금 결과를 빨리 만들어 낼 수 있도록 하기 위한 저자의 수많은 고민이 담겨 있다. 또한 **웹 트렌드를 따라 가려는 사람들에게 귀중한 통찰력을 줄 뿐만 아니라** 개발에 대한 열정도 불러일으킨다. Vue.js 프레임워크를 활용한 웹 앱 개발의 입문자라면 한 번은 꼭 읽어 봐야 하는 필독서가 될 것이다.

— **이태영**, 삼성전자 소프트웨어 엔지니어

실무에 바로 적용할 수 있는 개념부터 효율적으로 학습할 수 있습니다.

개인적으로 Vue.js는 최근 유행하는 여러 프런트엔드 기술 중 가장 보편성이 높다고 생각합니다. 사용법이 쉬워 퍼블리셔 직군에서도 당장 시작할 수 있을 뿐만 아니라 개발자들도 만족할 만한 좋은 성능을 갖고 있기 때문이죠. 이 책은 **Vue.js 기본 개념을 꼼꼼하게 설명하며 실무에서 바로 적용할 수 있는 지식들을 예제를 통해 쉽게 설명**하고 있습니다. 특히 어려운 개념들을 그림으로 설명하기 때문에 개발에 대한 기본적인 소양을 키우는 데도 매우 도움이 될 것입니다. 부록에 담긴 내용도 훌륭한데, 당장 실무에서 맞닥뜨릴 만한 문제들을 미리 비켜갈 수 있도록 도와주는 친절한 멘토의 면모를 보이고 있습니다. 프런트엔드 개발 경험이 없거나 Vue.js를 써보고 싶은 개발자 누구에게나 추천할 만한 꼼꼼하게 구성된 실용적인 책입니다.

— **이형주**, 인프런 CEO(Vue.js 온라인 강의 업체)

프런트엔드 개발 입문 스터디 교재로 추천!

백엔드 개발자로 개인 프로젝트를 진행하다 보면 프런트엔드 쪽이 필요할 때가 종종 있습니다. 앵귤러나 리액트로 진행하려면 어느새 이쪽의 시간 비중이 훨씬 더 커져 정작 중요한 부분에는 시간 할당이 안 될 때가 많았습니다. 그래서 프런트엔드 개발자 외 다른 직군에서 보기엔 과하다는 생각을 가지고 있던 차에 좋은 기술과 책을 소개받았습니다.

읽는 내내 책 여기 저기에서 저자의 세심함을 확인할 수 있었습니다. 아무래도 실제로 Vue.js로 강의를 한 경험이 있어 어느 부분에서 부가적인 설명이 필요한지 정확히 잘 짚어 주신 것 같습니다. 단순히 설명에서 그치지 않고 **장별로 배운 내용을 점검해 볼 수 있는 실전 예제가 있어 스터디 교재로 삼기에도 충분**하다고 생각합니다. 아무쪼록 저와 같이 프런트엔드 프레임워크에 대해 부담을 갖고 계신 분들에게 좋은 시작점이 될 만한 책이 나온 것에 반갑고 감사할 따름입니다.

— **이동욱**, 우아한 형제들 웹 개발자

쉽고 빠른 Vue.js를 Vue.js답게 배우세요!

Vue.js의 장점은 '쉽고 빠르다'입니다. 이 책 또한 Vue.js를 쉽고 빠르게 익힐 수 있도록 구성되어 있습니다. 전문적인 용어가 나왔을 때 **구글링이 필요 없을 정도로 자세하고 친절한 용어 설명**은 저자가 독자의 마음을 읽고 옆에서 설명해 주고 있는 것 같은 착각이 들게 합니다. 또한 조금은 추상적인 개념 설명으로 이해가 어려울 때 등장하는 도해는 Vue.js를 쉽게 익힐 수 있도록 도와줍니다. Vue.js를 Vue.js답게, 쉽고 빠르게 익히고 싶은 분이라면 이 도서를 추천합니다.

- 김용성, 패스트 캠퍼스 코스 매니저(Vue.js 오프라인 강의 업체)

최신 기술로 눈에 띄는 포트폴리오를 만들고 싶은 분에게 꼭 필요한 책!

이 책은 다른 웹 프레임워크를 경험해 보지 못했어도 다양한 예제와 다이어그램을 통하여 Vue.js를 깊이 있게 이해할 수 있게 도와줍니다. 또한 책 중간 중간 저자가 세심하게 챙긴 '알아두면 좋아요' 코너나 '직접 해보세요' 실습을 통해 Vue.js를 더욱 잘 활용할 수 있을 것입니다. **이 책의 압권은 배운 내용을 총정리해서 실제 웹 앱을 만들어 보는 것입니다.** 책에 있는 내용뿐만 아니라 심화된 내용을 학습할 수 있도록 안내해 주므로 개발자들이 이직할 때나 신입으로 지원할 때 제출할 포트폴리오를 만들 때 아주 유익할 듯합니다.

- 고재도, 카카오뱅크 프런트엔드 엔지니어

이 책의 Vue.js 강의를 미리 접한 온·오프라인 수강생들의 한마디!

사소한 궁금증과 용어까지 놓치지 않고 꼼꼼하게 담겨 있어, 추가 강의나 설명 없이 혼자 완독하고 공부할 수 있는 책입니다. 이론뿐 아니라 꿀잼 실습과 다른 UI 요소와 연동 방법까지 알려줍니다. 프로젝트에 Vue.js를 적용해야 한다면 이 책을 추천합니다.
- 김준영, 고려대학교 컴퓨터학과 3학년(인프런 강의 수강생)

이 책을 보고 세 가지에 놀랐어요! 알차게 꼭꼭 눌러 담은 Vue.js 핵심 내용들, 독자가 궁금해 할 만한 내용에 대한 세심한 설명, 그리고 실무에서 Vue.js를 사용할 때 꼭 필요한 내용들을 담고 있는 부록 그 이상의 부록까지!
- 김동빈, 네이버 프런트엔드 엔지니어(패스트 캠퍼스 강의 1기 수강생)

프런트엔드 프레임워크를 배우며 가장 어려웠던 건 프레임워크의 원리와 구조를 이해하는 것이었습니다. 용어와 개념이 익숙하지 않은 상태에서 읽는 설명들은 추상적이고 난해했어요. 하지만 이 책은 그림을 활용해서 프레임워크의 원리, 구조 등을 직관적으로 이해할 수 있습니다. 또한 입문자는 중급 이상의 개발자들이 미처 생각하지 못한 매우 사소한 부분에서 어려움을 느낄 수 있는데, 이런 부분도 놓치지 않고 쉽게 설명해 주어 좋습니다.
- 임송이, 데이터 콘텐츠 시각화 디자이너(패스트 캠퍼스 강의 2기 수강생)

당신의 궁금증을 해결해 드립니다!

입문자

Q. 저는 HTML, CSS, 자바스크립트의 완전 기초만 배웠습니다. 웹팩, ES6, NPM 이런 거 잘 모르는데 이 책으로 Vue.js를 배울 수 있을까요?

이 책은 능숙한 웹 개발자들보다 웹 기술에 익숙하지 않은 웹 입문자들을 위한 책입니다. 웹팩과 ES6를 몰라도 쉽게 배울 수 있도록 책의 목차를 구성하였습니다. Vue.js에 어느 정도 익숙해진 후, 07장에서 뷰로 개발할 때 알아두어야 하는 웹팩, ES6, NPM에 대해서 자세히 설명합니다.

취준생

Q. 취업을 준비하고 있는 대학생입니다. 이 책에서 배운 내용들이 면접에서 어떤 식으로 도움이 될까요?

책의 곳곳에서 사용자의 경험을 향상시키는 웹 앱 제작 노하우에 대해 소개하고 있습니다. 이러한 노하우들을 익히고 06장에서 완성도 높은 종합 애플리케이션까지 제작해 본다면 어떤 면접에서든 준비된 지원자가 될 수 있습니다.

웹 퍼블리셔

Q. 저는 웹 퍼블리셔로 일하고 있는데 프론트엔드 개발자로 커리어를 전향하고 싶어요. 이 책이 도움이 될까요?

웹 퍼블리셔 대상으로 Vue.js 온·오프라인 강의를 진행하면서 받았던 질문과 수강생들이 어려워하던 부분들을 쉬운 그림과 설명으로 풀어냈습니다. 이 책을 모두 읽고 나면 프론트엔드 개발자의 기초 소양까지 쌓을 수 있을 것입니다.

웹 개발자

Q. 저희 회사에서는 jQuery 기반의 오래된 Java 웹 앱을 쓰고 있습니다. 과연 저희가 Vue.js를 적용할 수 있을까요?

자바 웹 앱 개발자들이 최신 프론트엔드 프레임워크를 꺼려하는 이유는 웹팩, ES6와 같은 최신 웹 기술을 사용해야 하기 때문입니다. 이 책은 웹팩과 ES6를 몰라도 jQuery처럼 쉽게 코드를 화면에 적용하는 방법을 다룹니다. '부록'을 참고하여 기존 코드에 바로 Vue.js를 적용해 보세요.

맞춤형 학습 계획을 세워 보세요!

입문자

HTML, CSS, 자바스크립트의 기초만 알고 있는
프런트엔드 개발 왕초보라면? 하루 두 시간 7일 완성!

날짜			학습 목표	범위
1일차	월	일	Vue.js가 무엇인지 이해하고 개발 환경을 설정합니다. 첫 프로젝트를 만들며 몸을 풀고 화면을 개발하기 위한 필수 단위인 인스턴스에 대해 알아봅니다.	01장 02장 03-1
2일차	월	일	Vue.js 애플리케이션의 구조를 탄탄히 설계할 수 있도록 컴포넌트와 컴포넌트 통신 방법에 대해 알아봅니다.	03-2 03-3
3일차	월	일	실제로 서비스할 상용 웹 앱을 개발할 때 반드시 필요한 Vue.js 라우터와 HTTP 통신에 대해 알아봅니다.	04장
4일차	월	일	Vue.js로 화면을 꾸미는 방법을 배우고 프로젝트를 구성하는 여러 가지 방법에 대해 익힙니다. 그리고 배운 내용을 총집합하여 할 일 관리 앱 개발을 시작합니다.	05장 06-1 ~ 06-3
5일차	월	일	할 일 관리 앱의 컴포넌트 내용을 구현하고, 기능을 개선하는 방법을 익혀 애플리케이션을 완성합니다.	06-4 ~ 06-6
6일차	월	일	Vue.js로 좀 더 복잡한 애플리케이션을 개발할 수 있는 중·고급 개발자가 되기 위한 지식을 살펴봅니다.	07장
7일차	월	일	실제 현장에서 Vue.js를 사용할 때 맞닥뜨릴 수 있는 여러 상황들을 어떻게 해결할 수 있는지 살펴봅니다.	부록 - 현장 밀착 취재

중급자

이미 프런트엔드 웹 개발 분야에서 일하고 있거나
프런트엔드 프레임워크를 다뤄본 중급자라면? 하루 두 시간 3일 완성!

1일차	월	일	2일차	월	일	3일차	월	일
01장 Vue.js 소개 02장 개발 환경 설정 및 첫 번째 프로젝트 03장 인스턴스 & 컴포넌트			04장 라우터 & HTTP 통신 05장 템플릿 & 프로젝트 구성 06-1 ~ 06-4 할 일 관리 앱 개발 시작			06-5 ~ 06-6 할 일 관리 앱 개발 완료 07장 Vue.js 고급 개발자 되기 부록 현장 밀착 취재		

예제 다운로드 안내 - 깃허브 & 이지스퍼블리싱 홈페이지 자료실

이 책의 모든 예제 코드는 저자의 깃허브
(https://github.com/joshua1988/
doit-vuejs)에서 확인할 수 있습니다.

- exam : 예제 코드
- quiz : 직접 해보세요
- final : 할 일 관리 앱 프로젝트
- pwa : 프로그레시브 웹 앱 프로젝트

깃허브에 익숙하지 않은 분들은 이지스퍼블리
싱 홈페이지(www.easyspub.co.kr)에 회
원가입한 후 자료실에서 다운로드할 수 있습
니다.

동영상 강의 - 저자 직강 동영상 강의로 이해력 쑥쑥!

인프런(www.inflearn.com) 사이트에서
저자 직강 동영상 강의를 제공합니다. 전체 강
의의 15%를 미리 볼 수 있습니다.

첫째마당 ≫ Vue.js 필수 기술 살펴보기

둘째마당 ≫ Vue.js 실전 투입!

이 책의 '06장 실전 애플리케이션 만들기' 부분은
학습에 도움이 되도록 컬러로 인쇄하였습니다.

첫째
마당

Vue.js 필수 기술 살펴보기

첫째마당의 목표는 Vue.js로 화면을 개발하기 위한 필수 요소를 학습하고, 간단한 웹 페이지부터 상용 애플리케이션까지 Vue.js로 애플리케이션을 개발하는 데 필요한 핵심 기술들을 익히는 것입니다.

Vue.js 소개

이 장에서는 빠르게 변하는 프런트엔드 시장에서 요즘 가장 주목을 받고 있는 Vue.js에 대해 알아봅니다. Vue.js가 등장하게 된 배경과 다른 프런트엔드 프레임워크와의 차이점 그리고 프레임워크로서의 Vue.js의 특징과 구조를 살펴보겠습니다.

"Vue.js의 초점은 더 많은 사람들이 쉽게 웹 앱을 만들 수 있도록 도와주는 데 있다."

01-1 Vue.js란 무엇인가?

Vue.js란?

Vue.js(이하 '뷰'로 약칭)는 웹 페이지 화면을 개발하기 위한 프런트엔드 프레임워크입니다. 기존 웹 개발자뿐만 아니라 HTML, CSS, 자바스크립트 기초만 아는 웹 개발 입문자 및 컴퓨터 비전공자들도 배우기 쉽게 만들어졌습니다. 뷰는 화면단 라이브러리이자 프레임워크라고도 볼 수 있습니다. 어떤 의미인지 다음 그림으로 알아보겠습니다.

> **용어** ▶ **프레임워크:** 개발자들의 개발 생산성을 높이기 위해 일정한 틀과 규칙에 따라 개발하도록 미리 구조를 정의해 놓은 도구

> **용어** ▶ **라이브러리:** 자주 사용되는 기능들을 모아 재활용할 수 있도록 정리한 기술 모음집

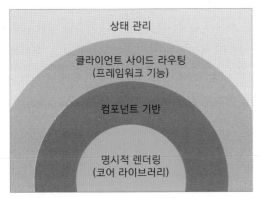

점진적인 프레임워크로서의 뷰의 의미

위 그림은 뷰의 창시자인 에반 유(Evan You)가 2017년 Vue.js 컨퍼런스에서 발표한 프레젠테이션에 사용한 그림입니다. 뷰 코어 라이브러리는 화면단 데이터 표현에 관한 기능들을 중점적으로 지원하지만 프레임워크의 기능인 라우터, 상태 관리, 테스팅 등을 쉽게 결합할 수 있는 형태로도 제공됩니다. 즉, 라이브러리 역할뿐만 아니라 프레임워크 역할도 할 수 있다는 의미입니다. 그래서 공식 사이트(www.vuejs.org)에서도 뷰를 점진적인 프레임워크(progressive framework)라고 부르고 있습니다. 이후 설명부터는 헷갈리지 않게 일괄적으로 프레임워크라고 하겠습니다.

프레임워크 시장 속에서 뷰의 위치와 성장성

최근 프런트엔드 프레임워크 시장은 리액트(React)와 앵귤러(Angular)가 높은 점유율을 차지하고 있습니다. 리액트와 앵귤러가 상대적으로 오래된 프레임워크이기도 하고, 이미 많은 기업에서 시스템을 해당 프레임워크로 구축해 서비스하고 있기 때문이죠.

뷰의 창시자인 에반도 구글에서 일할 당시 브라우저 상에서 많은 프로토타이핑 작업을 앵귤러로 구현하였습니다. 에반은 앵귤러의 데이터 바인딩 방식과 돔(DOM)에 직접 접근하지 않고도 데이터를 표현하는 방식에 흥미를 느꼈습니다. 하지만 앵귤러 | 용어 ▶ 돔: HTML 문서에 들어가는 요소의 정보를 담고 있는 데이터 트리 를 이해하기 위해서는 방대한 크기의 프레임워크 구조를 이해해야 했기에 부담을 느꼈죠. 그래서 에반은 앵귤러의 명시적 데이터 바인딩과 같은 필수적인 요소들만 가지고 화면을 구현하기 시작했고, 오픈 소스화하면서 많은 사람들이 참여하여 프레임워크의 기능을 붙여 나가기 시작했습니다. 그리하여 뷰가 탄생했습니다.

뷰는 2014년 2월에 처음으로 공식 배포되었습니다. 따라서 현재 시장 점유율은 기존에 있던 프레임워크에 비해 상대적으로 낮은 편입니다. 하지만 요즘의 가파른 성장세를 감안하면 지금 시기에 배워야 하는 프런트엔드 프레임워크는 뷰라고 볼 수 있습니다. 이는 필자의 개인적인 생각이 아니라 실무에서 퍼블리셔, 디자이너와 협업하는 대다수의 실무 웹 개발자들이 공감하는 의견입니다. 다음은 구글 트렌드에서 vuejs + vue.js로 검색한 결과입니다.

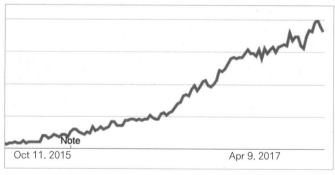

vue.js로 검색한 구글 트렌드 결과

2015년 11월부터 2017년 9월까지 사용자들의 검색이 급격하게 늘었음을 확인할 수 있습니다. 이러한 통계자료를 미루어 볼 때, 뷰가 프런트엔드 프레임워크로서 발전 가능성이 무한하다는 것을 짐작할 수 있습니다.

배포 후 4년이 지난 지금, 뷰는 깃허브(Github) 리포지터리의 별 개수가 80,300개나 될 정도로 인기가 많은 프레임워크가 되었습니다. 또한 2016년 깃허브 소스 코드 기반의 리포지터리 중 가장 많은 별을 받았을 정도로 관심이 높습니다. 깃허브에서 별을 많이 받았다는 것은 그만큼 많은 사람들이 관심을 가지고 소스 코드를 사용하거나 살펴보았다는 의미입니다.

뷰의 장점

빠르게 변화하는 프런트엔드 시장에서 뷰는 해결사 같은 존재입니다. 일단 첫째, 배우기가 쉽습니다. HTML, CSS, 자바스크립트의 기초만 아는 입문자라도 하루 안에 배울 수 있고, 익숙한 실무 개발자라면 몇 시간 이내에 배울 수 있습니다. 둘째, 리액트와 앵귤러에 비해 성능이 우수하고 빠릅니다. 뷰 제작팀에서 리액트와 앵귤러를 가지고 같은 테스트 케이스(test case)에서 성능을 비교한 결과 뷰가 가장 빠른 것으로 나타났습니다. 셋째, 리액트의 장점과 앵귤러의 장점을 갖고 있습니다. 앞에서 보았듯이 뷰는 구글에서 일하던 직원이 앵귤러를 더 가볍게 쓰고 싶어서 만든 프레임워크입니다. 앵귤러의 데이터 바인딩 특성과 리액트의 가상 돔(Virtual DOM) 기반 렌더링 특징을 모두 가지고 있습니다.

이처럼 다른 프레임워크들에 비해 성능이 우수할 뿐만 아니라 가볍고 빠르며, 무엇보다도 누구나 쉽게 배울 수 있다는 점이 앞으로 더 많은 사용자들의 흥미와 학습 욕구를 유

발하는 결정적인 원인이 될 것입니다. 사용자가 많아지면서 생성되는 거대한 커뮤니티는 훌륭한 프레임워크로 이어지는 선순환 구조를 형성합니다. 이러한 이유로 앞으로 더 기대가 되는 프레임워크가 바로 뷰입니다.

! **알아두면 좋아요!** **뷰가 리액트와 앵귤러보다 배우기 쉬운 이유**

앵귤러1은 프레임워크로서 완전한 기능을 제공하는 MVC 구조로 출발하여 컴포넌트 기반의 앵귤러2로 진화하였습니다. 이 과정에서 타입스크립트(TypeScript), ES6(ECMAScript 2015) 등 기타 어느 프레임워크보다 더 많은 학습이 필요하게 되었죠. 리액트 또한 입문자가 학습하기에는 ES6와 JSX라는 무시무시한 장벽이 존재합니다. 게다가 ES7, 웹팩(Webpack) 등 신기술이 마구 튀어나오고 있는 상황에서 웹 개발자에게 주어지는 짐은 점점 더 무거워집니다. 따라서 쉽게 배울 수 있는 뷰의 등장이 참 반갑다고 할 수 있습니다.

용어 타입스크립트: 기존 자바스크립트에 엄격한 타입 체크를 도입한 언어. 앵귤러2의 표준.
ES6: 자바스크립트의 최신 스펙으로, 이크마 스크립트(ECMAScript) 2015와 동일한 용어
웹팩: 웹 모듈 번들러. 최신 프런트엔드 프레임워크에서 권고하는 필수 웹 성능 개선 도구

01-2 Vue.js의 특징

이제 뷰의 특징을 함께 살펴보겠습니다.

UI 화면단 라이브러리

뷰(Vue.js)는 UI 화면 개발 방법 중 하나인 MVVM 패턴의 뷰 모델(ViewModel)에 해당하는 화면단 라이브러리입니다.

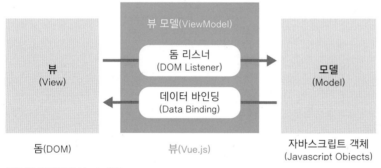

MVVM 구조에서의 Vue.js 위치

위 그림에서 볼 수 있듯이 MVVM 패턴이란 화면을 모델 (Model) – 뷰(View) – 뷰 모델(ViewModel)로 구조화하여 개발하는 방식을 의미합니다. 이러한 방식으로 개발하는 이유는 화면의 요소들을 제어하는 코드와 데이터 제어 로직을 분리하여 코드를 더 직관적으로 이해할 수 있고, 추후 유지 보수가 편해지기 때문입니다. 좀 더 쉽게 이해하기 위해 위 구조도의 용어를 하나하나 살펴보겠습니다.

> 참고 ▶ MVVM 패턴에 대해서는 20쪽 알아두면 좋아요 코너를 참고하세요.

> 용어 ▶ 로직: 특정 기능을 구현하기 위한 처리 흐름

용어	설명
뷰(View)	사용자에게 보이는 화면
돔(DOM)	HTML 문서에 들어가는 요소(태그, 클래스, 속성 등)의 정보를 담고 있는 데이터 트리
돔 리스너(DOM Listener)	돔의 변경 내역에 대해 즉각적으로 반응하여 특정 로직을 수행하는 장치

모델(Model)	데이터를 담는 용기. 보통은 서버에서 가져온 데이터를 자바스크립트 객체 형태로 저장
데이터 바인딩(Data Binding)	뷰(View)에 표시되는 내용과 모델의 데이터를 동기화
뷰 모델(ViewModel)	뷰와 모델의 중간 영역. 돔 리스너와 데이터 바인딩을 제공하는 영역

MVVM 구조의 처리 흐름

앞 구조도의 처리 흐름을 이해하기 위해 구글 사이트에서 검색어를 입력하여 살펴보겠습니다. 사이트에 접속하여 검색 창에 검색어를 입력하고 [Google 검색] 버튼을 클릭합니다.

구글 사이트 검색 창에 검색어 입력

여기서 뷰(View)는 사용자에게 비춰지는 구글 검색 화면 전체를 의미합니다. 그리고 돔(DOM)은 구글 로고, 검색 창, 키보드와 마이크 아이콘, [Google 검색] 버튼 등 화면에 나타나는 HTML 문서 상의 모든 요소를 의미하죠. [Google 검색] 버튼을 클릭하면 어떤 일이 일어날까요? 아래와 같은 검색 결과가 나타납니다.

검색어 입력에 따른 검색 결과 화면

[Google 검색] 버튼을 클릭했을 때 돔 리스너(DOM Listener)에서 버튼의 클릭을 감지합니다. 그리고 버튼이 동작하면 검색 결과를 보여주는 로직이 처리되겠죠. 이 처리 과정에서 데이터 바인딩(Data Binding)이 관여하는데, 검색 결과에 해당하는 데이터를 모델(Model)에서 가져와 화면에 나타내 줍니다. 다른 단어를 검색해도 처리 과정은 같습니다.

이처럼 뷰는 화면의 요소가 변경되거나 조작이 일어날 때 즉각적으로 반응하여 화면의 데이터를 갱신하여 보여 주는 역할을 합니다. 화면의 표현에 주로 관여하는 라이브러리이기 때문에 화면단 라이브러리라고도 합니다.

위에서는 MVVM 구조에서의 뷰를 쉽게 설명하기 위해 여러분들에게 친숙한 구글 검색 사이트의 검색 과정을 예로 들었습니다. 그렇다고 구글 사이트가 실제 뷰로 제작된 것은 아닙니다. 다른 기술로 구현되어 있으니 이 점 참고하기 바랍니다.

> **알아두면 좋아요! MVVM 패턴이란?**
>
> 위키피디아에 의하면 MVVM(Model - View - ViewModel) 패턴을 다음과 같이 정의하고 있습니다.
>
> > 마크업 언어나 GUI 코드를 비즈니스 로직 또는 백엔드 로직과 분리하여 개발하는 소프트웨어 디자인 패턴
>
> 이 정의를 다시 정리해 보면 '화면 앞단(프런트엔드)의 화면 동작과 관련된 로직과 화면 뒷단(백엔드)의 데이터베이스 데이터 처리 로직을 분리하여 더 깔끔하게 코드를 구성한다'는 것입니다.
>
> 참고로 웹 초창기에는 프런트엔드 영역이라는 구분이 따로 없었습니다. 화면 요소를 꾸미는 HTML, CSS 코드와 데이터베이스에서 데이터를 가져와 제어하는 Java 코드가 한 파일에 섞이면서 가독성이 현저하게 떨어졌습니다. 이러한 코드 때문에 작성자뿐만 아니라 협업자들도 소스 코드를 읽는 데 애를 먹었습니다. 그래서 이러한 문제점을 해결하기 위한 일환으로 MVVM 패턴을 사용하기 시작한 것이죠. MVVM 패턴은 뷰뿐만 아니라 최신 프런트엔드 프레임워크인 리액트에도 적용되어 있을 정도로 요즘에는 대중적인 화면 개발 패턴으로 자리매김했습니다.

컴포넌트 기반 프레임워크

뷰가 가지는 또 하나의 큰 특징은 바로 컴포넌트(Component) 기반 프레임워크라는 점입니다.

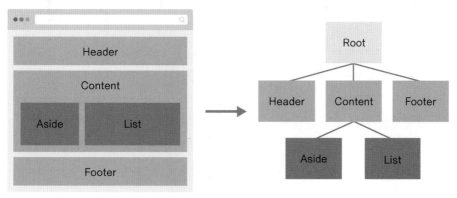

화면을 컴포넌트로 구조화한 컴포넌트 간 관계도

컴포넌트란 마치 레고 블록과 같습니다. 레고 블록을 잘 조합해서 쌓으면 원하는 모형을 만들 수 있듯이 뷰의 컴포넌트를 조합하여 화면을 구성할 수 있습니다. 위 그림의 왼쪽 화면은 각 영역을 컴포넌트로 지정하여 구분한 것이고, 오른쪽 그림은 왼쪽 화면의 각 컴포넌트 간의 관계를 나타낸 것입니다.

최신 프런트엔드 프레임워크인 리액트, 앵귤러 모두 컴포넌트 기반의 개발 방식을 추구하고 있습니다. 컴포넌트 기반 방식으로 개발하는 이유는 코드를 재사용하기가 쉽기 때문입니다. 그리고 뷰의 경우 컴포넌트를 썼을 때 HTML 코드에서 화면의 구조를 직관적으로 파악할 수 있습니다. 따라서 프레임워크 자체에서 컴포넌트 방식을 추구하면 모두가 정해진 방식대로 컴포넌트를 활용하므로 빠르게 구현할 수 있을 뿐만 아니라 남이 작성한 코드를 볼 때도 수월해집니다.

> **참고** 세부적인 컴포넌트 소개 및 활용법은 03장 뷰 컴포넌트에서 다루겠습니다.

리액트와 앵귤러의 장점을 가진 프레임워크

뷰는 앵귤러의 양방향 데이터 바인딩(Two-way Data Binding)과 리액트의 단방향 데이터 흐름(One-way Data Flow)의 장점을 모두 결합한 프레임워크입니다. 양방향 데이터 바인딩이란 화면에 표시되는 값과 프레임워크의 모델 데이터 값이 동기화되어 한쪽이 변경되면 다른 한쪽도 자동으로 변경되는 것을 말합니다. 단방향 데이터 흐름은 컴포넌트의 단방향 통신을 의미합니다. 컴포넌트 간에 데이터를 전달할 때 항상 상위 컴포넌트에서 하위 컴포넌트 한 방향으로만 전달하게끔 프레임워크가 구조화되어 있는 게 바로 단방향 데이터 흐름입니다.

> **참고** 데이터 바인딩에 대한 상세한 내용은 05장을 참고하세요.

이 외에도 빠른 화면 렌더링(Rendering)을 위해 리액트의 가상 돔(Virtual DOM) 렌더링 방식을 적용하여 사용자 인 터랙션(user interaction)이 많은 요즘의 웹 화면에 적합한 동작 구조를 갖추고 있습니다. 가상 돔을 활용하면 특정 돔 요소를 추가하거나 삭제하는 변경이 일어날 때 화면 전체를 다시 그리지 않고 프 레임워크에서 정의한 방식에 따라 화면을 갱신합니다. 따라서 브라우저 입장에서는 성능 부하가 줄어들어 일반 렌더링 방식보다 더 빠르게 화면을 그릴 수 있습니다.

용어 ▶ 렌더링: 브라우저에 웹 페이지를 그려 내는 동작

이와 같이 뷰는 대중적인 프레임워크인 리액트, 앵귤러의 장점을 살려 제작되었기 때문에 기존 리 액트, 앵귤러 개발자도 쉽게 배울 수 있습니다. 또 새로 입문하는 분들은 다른 프레임워크에 대한 이해도를 높일 수 있어 차후에 다른 프레임워크도 쉽게 학습할 수 있습니다.

개발 환경 설정 및 첫 번째 프로젝트

이 장에서는 뷰로 웹 앱을 개발하기 위해 필요한 환경을 구성해 보겠습니다. 그리고 일반적인 웹 개발을 할 때 사용하는 프로그램 외에도 아톰 텍스트 에디팅 도구 설정 방법과 뷰 개발자 도구를 살펴보겠습니다. 마지막으로 구성한 개발 환경을 이용하여 뷰로 간단한 웹 페이지도 만들어 봅니다.

"뷰는 기존 프레임워크 리액트와 가장 유사하지만
리액트보다는 좀 더 많은 사람들이 쉽게 접근할 수 있도록 제작하였다."

02-1 뷰 학습을 위한 개발 환경 설정하기

여기에서 살펴볼 내용은 뷰로 웹 앱을 개발하기 위한 환경을 구성하는 방법입니다. 우선 다음과 같은 도구들을 설치합니다.

> • 크롬 브라우저
> • 아톰(Atom) 텍스트 에디터
> • 노드제이에스(Node.js)
> • 뷰 개발자 도구(Vue.js devtools, 크롬 확장 플러그인)

용어 ▶ 크롬 확장 플러그인: 크롬 브라우저에서 사용자가 편리한 기능을 추가적으로 사용할 수 있도록 제공하는 도구

만약 기존에 사용하던 텍스트 에디터나 통합개발환경(IDE, Integrated Development Environment)이 있다면 그걸 사용해도 됩니다. 이 책에서는 무료 텍스트 에디터인 아톰을 기준으로 설명하겠습니다.

크롬 브라우저 설치하기

뷰로 화면 개발을 하려면 첫 번째로 구성해야 할 환경이 바로 브라우저입니다. 웹 앱을 개발할 때 좋은 브라우저 선택은 필수죠. 구글에서 개발한 크롬 브라우저는 최신 웹 트렌드와 문법을 빠르게 반영하고 있는 브라우저이며, 웹 개발 시 편리한 기능을 제공하는 크롬 개발자 도구를 지원합니다.

크롬 브라우저는 공식 사이트(https://www.google.co.kr/chrome/browser/desktop/index.html) 또는 검색 사이트에서 '크롬'이나 'Chrome'으로 검색하여 설치하면 됩니다.

> **알아두면 좋아요!** **크롬 개발자 도구란?**
>
> 크롬 개발자 도구를 이용하면 웹 페이지를 서버에서 불러와 화면에 표시하기까지의 모든 과정들을 렌더링, 네트워크, 성능 등의 관점에서 확인할 수 있습니다. 또한 자바스크립트 디버깅 및 웹 페이지 성능 진단 등이 가능합니다. 개발자 도구 사용법이 궁금하다면 다음 링크를 참고하세요.
>
> https://developers.google.com/web/tools/chrome-devtools/?hl=ko

아톰 에디터 설치하기

아톰은 깃허브에서 제작한 무료 텍스트 에디터입니다. 실무에서는 서브라임 텍스트(Sublime Text)나 웹 스톰(Web Storm) 같은 유료 개발 도구를 사용하는 분들도 꽤 많습니다. 이러한 유료 개발 도구와 비교했을 때 아톰은 일단 100% 무료일 뿐만 아니라 확장 플러그인들을 이용하여 유용한 기능들을 추가할 수 있기 때문에 기능 면에서도 우수하여 유료 개발 도구에 뒤지지 않습니다. 또한 깃허브에서 꾸준히 에디터의 성능을 개선해 나가고 있기 때문에 믿고 사용할 수 있는 개발 도구입니다.

자, 그럼 아톰을 설치하고 웹 개발에 도움이 되는 테마와 패키지도 설치해 보겠습니다.

1. 크롬 브라우저와 마찬가지로 구글에 'atom'으로 검색하면 아래와 같은 화면이 나옵니다.

구글 사이트의 atom 검색 결과

2. 최상단 링크 'Atom'을 클릭하면 아래와 같이 아톰 공식 홈페이지(https://atom.io)가 나옵니다.

아톰 공식 홈페이지

페이지 가운데에 있는 [Download For Mac] 버튼을 클릭하여 아톰을 다운로드합니다.

> **참고** 윈도우 사용자인 경우 [Download For Windows] 버튼을 클릭하여 설치합니다.

3. 다운로드한 파일은 압축 파일(.zip) 형태이기 때문에 압축을 풀고 설치를 진행합니다. 설치한 후 아톰을 실행하면 아래와 같은 화면이 나옵니다.

아톰 텍스트 에디터 기본 화면

이제 아톰의 설치가 끝났습니다. 현 상태에서도 기본적인 기능들을 사용할 수 있으나 개발할 때 유용한 테마(Theme)와 패키지(Package)를 추가로 설치해 보겠습니다.

아톰 테마

아톰 테마는 사용자에게 보여지는 텍스트 에디터의 외관을 꾸밀 수 있는 기능입니다. 예를 들어, 코드의 색깔을 여러 색으로 변경해 가독성을 높이거나 파일 아이콘을 직관적인 형태로 변경하는 등 화면의 전체적인 UI를 바꿀 수 있습니다.

1. 테마를 설치하기 위해 윈도우에서는 텍스트 에디터의 [File → Settings], 맥에서는 [Atom → Preferences]를 선택하여 엽니다.

아톰 'Settings'를 선택한 화면

참고 설정 단축키
윈도우: Ctrl + .
맥OS: cmd + .

2. Settings의 가장 아래쪽에 있는 'Install' 탭을 클릭하면 아래와 같이 패키지와 테마를 설치할 수 있는 화면이 나옵니다.

아톰 Settings에서 'Install'을 선택한 화면

3. 패키지를 검색하는 부분을 보면 [Themes] 버튼이 있습니다. 이 버튼을 클릭하고 아래와 같이 seti-ui를 입력하면 검색 결과가 나옵니다.

seti-ui 테마 검색 결과 화면

seti-ui 섹션의 [Install] 버튼을 클릭하면 테마가 설치됩니다. seti-ui는 직관적인 파일 아이콘을 제공하여 파일 구분이 쉽고, 색깔 조합이 눈에 너무 튀지 않아 장시간 코드를 봐도 눈에 부담이 덜 합니다.

4. 같은 방식으로 'atom-material-syntax-dark'를 검색하여 설치합니다. atom-material-syntax-dark 테마는 자바스크립트 코드 구문 강조색의 조합이 잘 되어 있어 코드의 가독성을 높여줍니다.

atom-material-syntax-dark 테마 검색 결과 화면

5. 테마를 적용했을 때 변경되는 부분을 파악하기 위해 왼쪽 프로젝트 부분에 빈 폴더를 생성한 후 빈 폴더 안에 [File → New File]을 선택해 app.js, base.css, index.html 파일을 생성합니다.

HTML, CSS, 자바스크립트 파일을 추가한 화면

생성된 파일은 파일 유형에 관계없이 모두 동일한 아이콘을 가지고 있습니다. 따라서 한눈에 각 파일이 어떤 역할을 하는지 파악하기가 어렵죠. 파일 역할을 쉽게 구분할 수 있도록 테마를 적용하겠습니다.

6. 테마 적용하기

'Themes' 탭으로 가서 UI Theme 드롭 다운 박스를 클릭하여 'Seti'를 선택합니다.

UI Themes에서 'Seti'를 선택하는 화면

Seti 테마를 적용하고 나면 오른쪽과 같이 텍스트 에디터의 전체 모양이 바뀝니다. 이제는 파일 확장자를 다 확인하지 않아도 아이콘 모양만으로 파일의 역할을 파악할 수 있습니다. 또한 텍스트 에디터의 색깔 톤이 전체적으로 어두워졌습니다.

Seti 테마를 적용한 화면

마찬가지로 Syntax Theme 드롭 다운 박스를 클릭하여 'Atom Material Dark'를 선택합니다. 이제 파일마다 코드를 입력하면 코드 구문 강조색이 화려한 색으로 변경된 것을 확인할 수 있습니다.

아톰 패키지

패키지는 텍스트 에디터를 이용하여 개발할 때 유용한 기능들을 추가적으로 제공합니다. 책 후반부에 나오는 싱글 파일 컴포넌트 체계를 학습할 때 반드시 필요한 language-vue를 설치하겠습니다.

1. Settings의 'Install' 탭으로 가서 이번에는 [Packages] 버튼을 클릭합니다. 그리고 'language-vue'로 검색하면 아래와 같이 첫 번째 목록에 패키지가 나타납니다. 설치한 모습은 다음과 같습니다.

language-vue 패키지를 설치한 화면

패키지는 테마와 다르게 설치하고 별도로 설정해주지 않아도 자동으로 활성화가 됩니다.

2. 그럼 language-vue의 기능을 살펴보기 위해 Main.vue 파일을 생성합니다. 그리고 Main.vue 파일을 열고 tem를 입력하면 아래와 같은 자동 완성 기능이 표시됩니다.

tem을 입력하면 표시되는 자동 완성 기능

참고 처음 설정할 경우 아톰 에디터를 종료했다가 다시 실행해야 language-vue가 활성화됩니다.

이때 Tab 을 누르면 아래와 같이 코드 구조가 갖춰집니다.

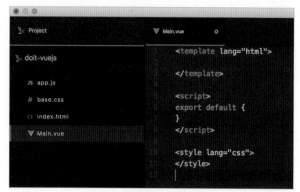

language-vue 자동 완성 기능으로 생성한 코드 구조

> **참고** 이 외에도 아톰에는 여러 가지 유용한 패키지가 있습니다. 궁금하다면 https://joshuajangblog.wordpress.com/tag/아톰-필수-플러그인/ 링크를 참고하세요.

위 코드에 대해서는 책 후반부의 싱글 파일 컴포넌트 체계에서 살펴보겠습니다.

노드제이에스 설치하기

세 번째로 구성할 개발 환경은 노드제이에스(Node.js)입니다. 노드제이에스는 서버 사이드 자바스크립트로, 서버 측에서 실행되는 자바스크립트 실행 환경을 의미합니다. 05장 뷰 프로젝트 구성 방법에서 뷰 CLI(Command Line Interface)를 이용하여 쉽게 뷰 프로젝트를 구성하려면 노드제이에스가 설치되어 있어야 합니다. 또한 뷰 CLI로 생성한 프로젝트에서 프로토타이핑을 할 때도 노드제이에스 서버를 사용하기 때문에 필수적인 환경입니다.

> **용어** CLI: 커맨드 라인 명령어. 윈도우의 명령 프롬프트 창과 맥의 터미널 등, 명령어로 특정 동작을 수행할 수 있는 콘솔 창을 의미

> **!** **알아두면 좋아요!** **노드제이에스에 대해 좀 더 자세히 알고 싶어요.**
>
> 노드제이에스는 윈도우, 맥, 리눅스 등 다양한 플랫폼에서 서버 사이드(Server-side) 자바스크립트 코드를 실행할 수 있는 실행 환경입니다. 초창기 자바스크립트는 웹 화면의 간단한 작업을 처리하기 위한 용도로 사용되었으나 노드제이에스 덕분에 자바스크립트는 웹뿐만 아니라 서버 사이드, 사물인터넷(IoT, Internet of Things), 로봇 제어에도 활용되는 기반을 갖추게 되었습니다.
>
> **용어** 서버 사이드: 웹 화면과 관계된 서버 로직을 처리하는 영역

1. 먼저 브라우저 주소 창에 nodejs.org를 입력하면 노드제이에스 공식 사이트에 접속할 수 있습니다. 화면 가운데의 [8.9.1 LTS] 버튼을 클릭하여 다운로드합니다.

> **참고** Current 버전보다 안정적인 LTS(Long Term Support) 버전을 다운로드하는 것이 향후 라이브러리 호환성 관점에서 더 도움이 됩니다.

노드제이에스 공식 사이트

2. 다운로드한 파일을 실행하여 설치를 진행합니다. 라이선스 또는 사용권 계약 조항에 동의한 후 설치를 진행하면 노드제이에스와 노드 패키지 매니저 (NPM, Node Package Manager) 가 컴퓨터에 설치됩니다.

> 용어 ▶ NPM: 전 세계의 자바스크립트 라이브러리를 모아놓은 공개 저장소

3. 윈도우의 명령 프롬프트(cmd)나 맥의 터미널(Terminal)에서 node -v를 실행합니다. 정상적으로 설치된 경우엔 노드제이에스의 버전이 표시됩니다.

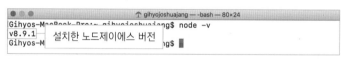

맥 터미널에서 확인한 노드제이에스 버전

뷰 개발자 도구 설치하기

뷰 개발자 도구(뷰 크롬 플러그인)는 뷰로 개발할 때 도움을 주는 유용한 도구로, 뷰로 만든 웹 앱의 구조를 간편하게 디버깅하거나 분석할 수 있습니다. 크롬 브라우저와 파이어폭스(Firefox), 사파리(Safari)에서 모두 지원됩니다. 이 책에서는 크롬 브라우저를 기준으로 설치 및 사용 방법을 설명하겠습니다.

1. 구글에서 vue.js devtools를 검색하면 아래와 같은 결과 화면이 나옵니다.

크롬에서 vue.js devtools를 검색한 결과 화면

2. 첫 번째 링크 'Vue.js devtools – Chrome Web Store'를 클릭하면 아래와 같이 크롬의 플러그인 스토어로 이동합니다. 팝업 페이지 상단 오른쪽에 있는 [CHROME에 추가] 버튼을 클릭합니다.

크롬 웹 스토어의 뷰 개발자 도구 설치 화면

3. 그러면 아래와 같이 설치 여부를 묻는 팝업 창이 나타납니다.

뷰 개발자 도구 설치 여부를 묻는 팝업 창

[확장 프로그램 추가] 버튼을 클릭하면 브라우저 주소 창 오른쪽에 다음과 같이 뷰 로고 모양의 아이콘이 생기고, 추가되었다는 메시지의 팝업 창이 나타납니다.

뷰 개발자 도구 설치 완료 시 나타나는 팝업 창

뷰 개발자 도구 설치를 완료하였습니다. 뷰 개발자 도구 사용법에 대해서는 다음 절에서 살펴보겠습니다.

참고 ▶ 파이어폭스, 사파리 설치 방법은 https://github.com/vuejs/vue-devtools를 참고하세요.

02-2 Hello Vue.js! 프로젝트 만들기

뷰 시작하기

개발 환경을 구성했으니 이제 뷰를 사용하여 간단한 메시지를 출력해 보겠습니다. 뷰를 사용하는
방법이 얼마나 쉽고 간편한지 직접 확인할 수 있을 것입니다. 작업 순서는 아래와 같습니다.

첫 번째 프로젝트 작업 순서

아톰을 실행하고 바탕화면 또는 데스크톱 등 편한 폴더 위치에 index.html 파일을 생성하면 다음
과 같은 화면이 나타납니다.

index.html 파일을 생성한 후 아톰으로 실행한 화면

그러면 다음 코드를 직접 작성해 봅시다.

```html
<html>
  <head>
    <title>Vue Sample</title>
  </head>
  <body>
    <div id="app">
      {{ message }}
    </div>
    <script src="https://cdn.jsdelivr.net/npm/vue@2.5.2/dist/vue.js"></script>
    <script>
      new Vue({
        el: '#app',
        data: {
          message: 'Hello Vue.js!'
        }
      });
    </script>
  </body>
</html>
```

위 코드는 html 기본 구조에 〈div〉 태그를 하나 추가하고, 뷰 라이브러리를 로딩한 후 뷰로 Hello Vue.js!라는 간단한 메시지를 출력하는 코드입니다. 뷰 인스턴스를 만들고 인스턴스에 정의된 데이터 객체의 메시지 프로퍼티(property)를 화면에 출력하죠. 무슨 소린지 모르겠다고요? 괜찮습니다. 곧 상세히 알아보겠습니다.

이 실습 예제에서 중요한 건 이렇게 HTML 문서에서 코드 몇 줄로 뷰를 바로 실행할 수 있다는 사실입니다. 이 때문에 웹 개발자 커뮤니티에서는 종종 '뷰가 제이쿼리(jQuery)보다 적용하기 쉽다'는 말이 나옵니다.

> **용어** 제이쿼리: HTML 문서의 돔 요소에 쉽게 접근하도록 유용한 기능을 제공하는 자바스크립트 라이브러리

자, 그럼 위 코드를 실행하기 위해 크롬 브라우저를 엽니다. 그리고 윈도우 사용자는 탐색기, 맥 사용자는 파인더를 이용하여 다음과 같이 index.html 파일에 접근합니다.

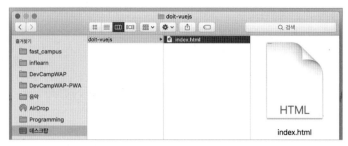

맥북 파인더를 이용해 index.html 폴더 위치로 이동한 모습

index.html 파일을 더블 클릭하여 실행하면 기본으로 설
정되어 있는 브라우저 상에서 index.html 파일이 실행됩

참고 만약 다른 브라우저로 실행된다면 크롬
브라우저를 기본 브라우저로 설정해 주세요.

니다. 또는 크롬 브라우저를 미리 실행하고 파일을 브라우저 창에 바로 드래그해도 됩니다. 일반
적으로 웹 개발을 할 때 간단한 html 문서는 이렇게 파일 시스템으로 접근해서 실행하여 결과를
확인합니다.

index.html이 크롬 브라우저에서 실행된 결과는 아래와 같습니다.

index.html을 크롬 브라우저로 실행한 결과

크롬 개발자 도구로 코드 확인하기

그럼 앞에서 실행한 예제가 뷰 라이브러리를 정상적으로
로딩하였는지 확인하기 위해 크롬 개발자 도구의 Console
패널을 살펴보겠습니다. 크롬 개발자 도구를 실행하려면

용어 Console 패널: 브라우저에서 실행한
웹 문서의 자바스크립트 로그를 확인할 수 있
는 창

브라우저 주소 창 옆의 설정 버튼 ⋮ 을 누른 후 [도구 더 보기 → 개발자 도구]를 클릭합니다.

참고 크롬 개발자 도구를 실행하는 단축키
윈도우: F12
맥OS: cmd + option + I

크롬 개발자 도구 실행 버튼 위치

크롬 개발자 도구에서 Console 패널을 선택한 화면

이 로그를 통해 뷰 라이브러리가 정상적으로 로딩이 되었고, 현재 개발자 모드로 뷰가 실행되고 있다는 것도 파악하였습니다.

> **참고** 개발자 도구가 화면의 하단에 보이나요? 그렇다면 개발자 도구에서 ⋮ 을 누른 후 Dock Side에서 'Dock to right'를 클릭하세요.

뷰 개발자 도구로 코드 확인하기

앞에서 크롬 개발자 도구로 예제를 확인하였습니다. 크롬 개발자 도구는 어느 웹 앱이든 모두 동일하게 소스를 분석하고 확인할 수 있는 도구입니다. 이번에는 뷰 애플리케이션에만 활용할 수 있는 뷰 개발자 도구로 작성한 예제를 분석해 보겠습니다. 뷰 개발자 도구는 컴포넌트로 구성된 애플리케이션의 구조를 한눈에 확인할 수 있습니다. 그리고 각 컴포넌트별로 정의된 속성의 변화를 실시간으로 확인할 수 있어 뷰로 제작한 웹 앱을 분석하거나 디버깅할 때 유용하게 사용할 수 있습니다.

첫 번째 로그 해결 방법

앞에서 나온 로그 중 첫 번째 로그는 아이러니하게도 이미 앞에서 뷰 개발자 도구를 설치한 사용자에게도 표시됩니다. 왜냐하면 현재 예제를 서버에서 띄운 것이 아니라 파일 시스템에서 접근하여 브라우저로 실행했기 때문입니다. 쉽게 말하면 브라우저 주소 창에 file:// 형태로 접근한 파일과 http:// 로 접근한 파일에 대해서 뷰 개발자 도구가 각기 다른 설정을 적용하기 때문입니다.

파일 시스템에서 실행한 HTML 문서의 URL : file:// …

로컬 서버를 띄워서 접근할 때의 URL : localhost:// …

이 문제를 해결하기 위해서는 크롬 확장 플러그인 설정을 변경해야 합니다. 크롬 브라우저의 설정 버튼 ⋮ 을 클릭하고 [도구 더보기 → 확장 프로그램]을 클릭합니다.

크롬 브라우저의 [설정 → 도구 더보기 → 확장 프로그램] 선택

'확장 프로그램'을 선택하면 새로운 페이지가 열리고, 설치된 확장 플러그인 목록이 표시됩니다. 뷰 개발자 도구 쪽에서 아래와 같이 '파일 URL에 대한 엑세스 허용' 체크 박스에 체크합니다.

뷰 개발자 도구의 '파일 URL에 대한 엑세스 허용'에 체크

그런 다음 다시 페이지를 실행하면 아래와 같이 첫 번째 로그가 사라진 것을 알 수 있습니다.

뷰 크롬 익스텐션 다운로드 관련 로그가 사라진 화면

뷰 개발자 도구 사용 방법

이제 뷰 개발자 도구를 활성화하였으니 한번 사용해 보겠습니다. 크롬 개발자 도구를 열고 'Vue' 탭을 선택합니다. 탭이 숨겨져 있을 경우 » 를 눌러 'Vue' 탭을 엽니다.

크롬 개발자 도구에서 'Vue' 탭 선택

'Vue' 탭을 열고 페이지 가운데에 보이는 '〈Root〉 ==$vm0'을 클릭하면 다음과 같은 화면이 나타납니다.

뷰 개발자 도구로 뷰가 적용된 페이지를 분석하는 화면

'〈Root〉 ==$vm0'을 클릭하면 왼쪽의 'Hello Vue.js!' 텍스트가 강조되면서 오른쪽에 루트 컴포넌트에 대한 상세 내용이 표시됩니다. 그 이외에 'Vuex', 'Events', 'Refresh' 탭을 선택하여 해당 기능들에 대한 상태를 쉽게 확인할 수 있습니다. 여기서 루트 컴포넌트란 뷰 애플리케이션을 실행할 때 가장 근간이 되는 컴포넌트이자 최상위 컴포넌트를 의미합니다. 이 책에서는 최상위 컴포넌트라고 부르겠습니다. 컴포넌트에 대한 자세한 내용은 03장에서 살펴보겠습니다.

결론적으로, 화면상으로 표시된 'Hello Vue.js!' 텍스트는 최상위 컴포넌트의 data 속성인 message의 값입니다. 어떻게 message의 텍스트 값이 화면에 표시되었을까요? 바로 다음 장에서 살펴보겠습니다.

화면을 개발하기 위한 필수 단위
- 인스턴스 & 컴포넌트

◆

이 장에서는 뷰로 웹 앱을 개발할 때 반드시 알아야 하는 두 가지 기술 요소인 인스턴스와 컴포넌트에 대해 살펴보겠습니다. 간단한 화면부터 복잡한 화면까지, 멋진 화면을 만들기 위해서는 먼저 UI를 설계해야 합니다. 구조적으로 UI를 설계하기 위해서는 왜 컴포넌트가 필요하고, 화면을 그리기 위해서는 왜 인스턴스가 있어야 하는지 알아보겠습니다.

03-1 뷰 인스턴스

03-2 뷰 컴포넌트

03-3 뷰 컴포넌트 통신

◆ --

"인스턴스와 컴포넌트를 레고에 비유한다면 인스턴스는 레고를 조립하는 기본 판을,
컴포넌트는 레고 블록을 의미한다."

03-1 뷰 인스턴스

뷰 인스턴스의 정의와 속성

뷰 인스턴스(Instance)는 뷰로 화면을 개발하기 위해 필수적으로 생성해야 하는 기본 단위입니다. 앞 장에서 'Hello Vue.js!' 텍스트가 화면에 표시된 것은 인스턴스가 있었기 때문에 가능한 것이죠. 이처럼 인스턴스는 뷰로 화면을 개발하기 위해 빠트릴 수 없는 필수 조건입니다.

뷰 인스턴스 생성

뷰 인스턴스를 사용하기 위해 오른쪽과 같은 형식으로 뷰 인스턴스를 생성합니다. 그럼 'Hello Vue.js!' 샘플 코드에서 인스턴스와 관계된 부분을 다시 한 번 살펴보겠습니다.

```
new Vue({
    ...
});
```

뷰 인스턴스 형식

```html
<html>
  <head>
    <title>Vue Sample</title>
  </head>
  <body>
    <div id="app">
      {{ message }}
    </div>
    <script src="https://cdn.jsdelivr.net/npm/vue@2.5.2/dist/vue.js"></script>
    <script>
      new Vue({
        el: '#app',          el 속성
        data: {
          message: 'Hello Vue.js!'    data 속성
        }
      });
    </script>
  </body>
</html>
```

인스턴스

'Hello Vue.js'를 출력하는 코드

먼저 'Hello Vue.js!' 텍스트를 화면에 표시하기 위해 new Vue()로 뷰 인스턴스를 생성하였습니다. 그리고 인스턴스 안에 el 속성으로 뷰 인스턴스가 그려질 지점을 지정하고, data 속성에 message 값을 정의하여 화면의 {{ message }}에 연결하였습니다. 그럼 각 요소에 대해 자세히 알아봅시다.

뷰 인스턴스 생성자

new Vue()로 인스턴스를 생성할 때 Vue를 생성자라고 합니다. Vue 생성자는 뷰 라이브러리를 로딩하고 나면 접근할 수 있습니다. 생성자를 사용하는 이유는 뷰로 개발할 때 필요한 기능들을 생성자에 미리 정의해 놓고 사용자가 그 기능을 재정의하여 편리하게 사용하도록 하기 위해서입니다.

> ⚠️ **알아두면 좋아요! 생성자가 무엇인지 기억하나요?**
>
> 생성자는 객체를 새로 생성할 때 자주 사용하는 옵션과 기능들을 미리 특정 객체에 저장해 놓고, 새로 객체를 생성할 때 기존에 포함된 기능과 더불어 기존 기능을 쉽게 확장하여 사용하는 기법입니다. 일반적으로 객체 지향 프로그래밍에서 사용하는 객체 정의 방식으로 미리 정의된 속성과 메서드를 재활용하기 위해 사용합니다.

뷰 인스턴스 옵션 속성

뷰 인스턴스 옵션 속성은 인스턴스를 생성할 때 재정의할 data, el, template 등의 속성을 의미합니다. 예를 들어, Hello Vue.js! 예제에서는 data라는 미리 정의되어 있는 속성을 사용하였습니다. 우리는 그 안에 message라는 새로운 속성을 추가하고 Hello Vue.js!라는 값을 주었을 뿐이죠. el 속성 역시 미리 정의되어 있으며 뷰로 만든 화면이 그려지는 시작점을 의미합니다. 뷰 인스턴스로 화면을 렌더링할 때 화면이 그려질 위치의 돔 요소를 지정해 주어야 합니다.

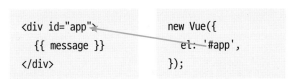

```
<div id="app">          new Vue({
    {{ message }}           el: '#app',
</div>                  });
```

인스턴스의 el 속성

여기서 #app 값은 화면의 돔 요소 중 app이라는 아이디를 가진 요소를 의미합니다. 여기서 사용한 # 선택자는 CSS 선택자 규칙과 같습니다.

> **참고** CSS 선택자 중 # 선택자는 해당 아이디를 가진 돔 요소를 검색할 때 사용합니다. 그리고 . 선택자는 해당 클래스를 가진 돔 요소를 검색할 때 사용합니다.

이 외에도 template, methods, created 등 미리 정의되어 있는 속성을 사용할 수 있습니다.

속성	설명
template	화면에 표시할 HTML, CSS 등의 마크업 요소를 정의하는 속성. 뷰의 데이터 및 기타 속성들도 함께 화면에 그릴 수 있으며 05장 뷰 템플릿에서 자세히 설명합니다.
methods	화면 로직 제어와 관계된 메서드를 정의하는 속성. 마우스 클릭 이벤트 처리와 같이 화면의 전반적인 이벤트와 화면 동작과 관련된 로직을 추가할 수 있습니다.
created	뷰 인스턴스가 생성되자마자 실행할 로직을 정의할 수 있는 속성. 뷰 인스턴스 라이프 사이클 부분에서 추가로 설명합니다.

뷰 인스턴스의 유효 범위

인스턴스의 유효 범위란?

뷰 인스턴스를 생성하면 HTML의 특정 범위 안에서만 옵션 속성들이 적용되어 나타납니다. 이를 인스턴스의 유효 범위라고 합니다. 다음 절에서 다루는 지역 컴포넌트와 전역 컴포넌트의 차이점을 이해하기 위해서도 꼭 알아야 하는 개념이며, 인스턴스의 유효 범위는 el 속성과 밀접한 관계가 있습니다.

인스턴스의 유효 범위를 이해하려면 인스턴스가 생성된 후 화면에 어떻게 적용되는지 알아야 합니다. new Vue()로 인스턴스를 생성하고 나서 화면에 인스턴스 옵션 속성을 적용하는 과정은 다음과 같습니다.

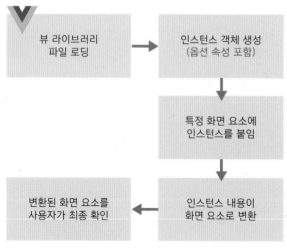

인스턴스가 화면에 적용되는 과정

이 과정을 이해하기 위해 Hello Vue.js 샘플 코드의 인스턴스 정의 부분을 자세히 살펴보겠습니다.

```
new Vue({
  el: '#app',
  data: {
    message: 'Hello Vue.js!'
  }
});
```

인스턴스 옵션 속성 정의 및 인스턴스 생성

먼저 자바스크립트 코드 상에서 인스턴스 옵션 속성 el과 data를 인스턴스에 정의하고 new Vue()로 인스턴스를 생성합니다. 그리고 브라우저에서 위 샘플 코드를 실행하면 아래와 같이 el 속성에 지정한 화면 요소(돔)에 인스턴스가 부착됩니다.

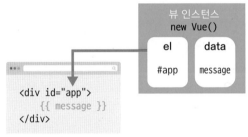

뷰 인스턴스가 화면에 부착되는 모습

el 속성에 인스턴스가 부착되고 나면 인스턴스에 정의한 옵션 객체의 내용(data 속성)이 el 속성에 지정한 화면 요소와 그 이하 레벨의 화면 요소에 적용되어 값이 치환됩니다.

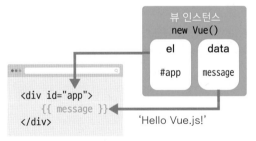

뷰 인스턴스의 내용이 화면에 정의된 HTML 태그에 적용되는 모습

data 속성의 message 값 Hello Vue.js!가 `{{ message }}`와 치환됩니다. 오른쪽 그림처럼 말이죠.

　　　　　　HTML 코드에 인스턴스의 내용이 적용되어 최종적으로 값이 치환된 모습

인스턴스의 유효 범위 확인

그런데 만약 인스턴스의 유효 범위를 벗어나면 어떻게 될까요? 앞에서 살펴본 코드를 살짝 변경해 보겠습니다.

```
<div id="app">

</div>
{{ message }}
```

인스턴스의 유효 범위를 벗어나 선언한 message

이 코드의 실행 결과는 다음과 같습니다.

인스턴스의 유효 범위를 벗어난 경우

message 속성의 값이 Hello Vue.js!로 바뀌지 않고 그대로 출력되는 이유는 인스턴스의 유효 범위 때문입니다.

```
<div id="app">
                        ─── 인스턴스의 유효 범위

</div>
{{ message }}
```

'el: #app'이 지정된 뷰 인스턴스의 유효 범위

현재 코드에서 인스턴스의 유효 범위는 el 속성으로 지정한 `<div id="app">` 태그 아래에 오는 요소들로 제한됩니다. 따라서 〈div〉 태그 바깥에 있는 `{{ message }}`는 뷰에서 인식하지 못 하기 때문에 Hello Vue.js!로 바뀌지 않고 `{{ message }}` 그대로 출력됩니다.

뷰 인스턴스 라이프 사이클

앞에서 살펴본 인스턴스의 속성 중 created를 기억하나요? 인스턴스가 생성되었을 때 호출할 동작을 정의하는 속성이라고 설명했습니다. 이처럼 인스턴스의 상태에 따라 호출할 수 있는 속성들을 라이프 사이클(life cycle) 속성이라고 합니다. 그리고 각 라이프 사이클 속성에서 실행되는 커스텀 로직을 라이프 사이클 훅(hook)이라고 합니다.

용어▶ 라이프 사이클: 모바일 앱을 비롯하여 일반적으로 애플리케이션이 가지는 생명 주기
용어▶ 커스텀 로직: 개발자가 임의로 작성한 추가 로직

라이프 사이클 속성에는 created, beforeCreate, beforeMount, mounted 등 인스턴스의 생성, 변경, 소멸과 관련되어 총 8개가 있습니다.

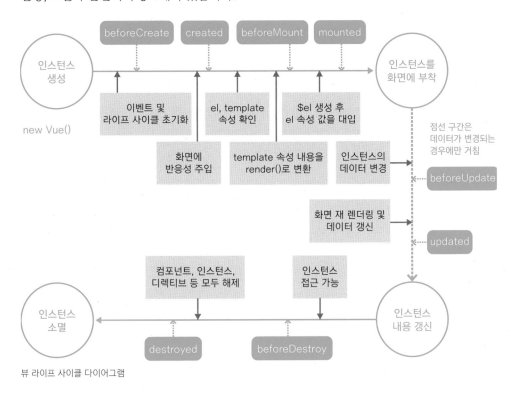

뷰 라이프 사이클 다이어그램

이 그림은 인스턴스가 생성되고 나서 화면에 인스턴스가 부착된 후 소멸되기까지의 전체적인 흐름을 나타낸 뷰 인스턴스 라이프 사이클 다이어그램입니다.

라이프 사이클 단계를 크게 나누면 인스턴스의 **생성**, 생성된 인스턴스를 화면에 **부착**, 화면에 부착된 인스턴스의 내용이 **갱신**, 인스턴스가 제거되는 **소멸**의 4단계로 이루어집니다. 위 그림에서 부착 → 갱신 구간은 데이터가 변경되는 경우에만 거치게 됩니다. 그리고 각 단계 사이에 라이프 사이클 속성 created, mounted, updated 등이 실행됩니다. 그럼 각 라이프 사이클 속성을 좀 더 자세히 살펴보겠습니다.

beforeCreate
인스턴스가 생성되고 나서 가장 처음으로 실행되는 라이프 사이클 단계입니다. 이 단계에서는 data 속성과 methods 속성이 아직 인스턴스에 정의되어 있지 않고, 돔과 같은 화면 요소에도 접근할 수 없습니다.

created

beforeCreate 라이프 사이클 단계 다음에 실행되는 단계입니다. data 속성과 methods 속성이 정의되었기 때문에 this.data 또는 this.fetchData()와 같은 로직들을 이용하여 data 속성과 methods 속성에 정의된 값에 접근하여 로직을 실행할 수 있습니다. 다만, 아직 인스턴스가 화면 요소에 부착되기 전이기 때문에 template 속성에 정의된 돔 요소로 접근할 수 없습니다.

그리고 data 속성과 methods 속성에 접근할 수 있는 가장 첫 라이프 사이클 단계이자 컴포넌트가 생성되고 나서 실행되는 단계이기 때문에 서버에 데이터를 요청하여 받아오는 로직을 수행하기 좋습니다. 서버에 데이터를 요청하는 HTTP 통신 방법은 04장에서 자세히 다루겠습니다.

beforeMount

created 단계 이후 template 속성에 지정한 마크업 속성을 render() 함수로 변환한 후 el 속성에 지정한 화면 요소(돔)에 인스턴스를 부착하기 전에 호출되는 단계입니다. render() 함수가 호출되기 직전의 로직을 추가하기 좋습니다.

> **참고** render()는 자바스크립트로 화면의 돔을 그리는 함수입니다.

mounted

el 속성에서 지정한 화면 요소에 인스턴스가 부착되고 나면 호출되는 단계로, template 속성에 정의한 화면 요소(돔)에 접근할 수 있어 화면 요소를 제어하는 로직을 수행하기 좋은 단계입니다. 다만, 돔에 인스턴스가 부착되자마자 바로 호출되기 때문에 하위 컴포넌트나 외부 라이브러리에 의해 추가된 화면 요소들이 최종 HTML 코드로 변환되는 시점과 다를 수 있습니다.

> **참고** 변환되는 시점이 다를 경우 $nextTick() API를 활용하여 HTML 코드로 최종 파싱(변환)될 때까지 기다린 후 돔 제어 로직을 추가합니다.

beforeUpdate

el 속성에서 지정한 화면 요소에 인스턴스가 부착되고 나면 인스턴스에 정의한 속성들이 화면에 치환됩니다. 치환된 값은 뷰의 반응성(Reactivity)을 제공하기 위해 $watch 속성으로 감시합니다. 이를 데이터 관찰이라고 합니다.

> **용어** 뷰의 반응성: 뷰의 특징 중 하나로, 코드의 변화에 따라 화면이 반사적으로 반응하여 빠르게 화면을 갱신하는 것을 의미함.

또한 beforeUpdate는 관찰하고 있는 데이터가 변경되면 가상 돔으로 화면을 다시 그리기 전에 호출되는 단계이며, 변경 예정인 새 데이터에 접근할 수 있어 변경 예정 데이터의 값과 관련된 로직을 미리 넣을 수 있습니다. 만약 여기에 값을 변경하는 로직을 넣더라도 화면이 다시 그려지지는 않습니다.

updated

데이터가 변경되고 나서 가상 돔으로 다시 화면을 그리고
나면 실행되는 단계입니다. 데이터 변경으로 인한 화면 요
소 변경까지 완료된 시점이므로, 데이터 변경 후 화면 요소 제어와 관련된 로직을 추가하기 좋은
단계입니다. 이 단계에서 데이터 값을 변경하면 무한 루프에 빠질 수 있기 때문에 값을 변경하려면
computed, watch와 같은 속성을 사용해야 합니다. 따라서
데이터 값을 갱신하는 로직은 가급적이면 beforeUpdate
에 추가하고, updated에서는 변경 데이터의 화면 요소(돔)
와 관련된 로직을 추가하는 것이 좋습니다.

> **참고** computed와 watch 속성은 05장에서 자세히 다룹니다.

> **참고** mounted 단계와 마찬가지로 하위 컴포넌트의 화면 요소와 외부 라이브러리에 의해 주입된 요소의 최종 변환 시점이 다를 수 있습니다. $nextTick()을 사용하여 변환이 완료될 때까지 기다렸다가 로직을 추가합니다.

beforeDestroy

뷰 인스턴스가 파괴되기 직전에 호출되는 단계입니다. 이 단계에서는 아직 인스턴스에 접근할 수
있습니다. 따라서 뷰 인스턴스의 데이터를 삭제하기 좋은 단계입니다.

destroyed

뷰 인스턴스가 파괴되고 나서 호출되는 단계입니다. 뷰 인스턴스에 정의한 모든 속성이 제거되고
하위에 선언한 인스턴스들 또한 모두 파괴됩니다.

자, 그럼 지금까지 설명한 라이프 사이클 훅이 실제로 어떻게 동작하는지 확인하기 위해 예제를 통
해 실습해 보겠습니다.

| 라이프 사이클 실습 예제 | 참조 파일 · exam/03/03-1/index.html |

```html
<html>
  <head>
    <title>Vue Instance Lifecycle</title>
  </head>
  <body>
    <div id="app">
      {{ message }}
    </div>

    <script src="https://cdn.jsdelivr.net/npm/vue@2.5.2/dist/vue.js"></script>
    <script>
      new Vue({
        el: '#app',
        data: {
          message: 'Hello Vue.js!'
```

```
        },
        beforeCreate: function() {
          console.log("beforeCreate");
        },
        created: function() {
          console.log("created");
        },
        mounted: function() {
          console.log("mounted");
        },
        updated: function() {
          console.log("updated");
        }
      });
    </script>
  </body>
</html>
```

위 코드는 뷰 시작하기 샘플 코드에서 라이프 사이클의 4개 속성인 beforeCreate, created, mounted, updated를 추가하고 각각 로그를 출력해 보는 예제입니다.

브라우저에서 코드를 실행하고 개발자 도구 'Console' 패널을 확인하면 다음과 같습니다.

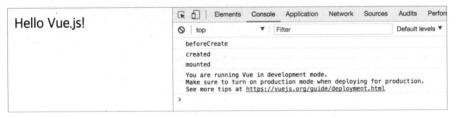

라이프 사이클 코드 실행 결과 화면

로그를 보면 뷰 라이프 사이클 도해의 흐름대로 beforeCreate, created, mounted가 표시되는 것을 확인할 수 있습니다. 다만 한 가지 의아한 부분은 updated 속성 함수는 호출되지 않았다는 것입니다. 왜 그럴까요?

그 이유는 updated 라이프 사이클 혹은 뷰 인스턴스에서 데이터 변경이 일어나 화면이 다시 그려졌을 때 호출되는 로직이기 때문입니다. 그럼 updated의 앞 단계인 mounted 단계에서 기존에 정의된 data 속성의 message 값을 변경해 보겠습니다.

message 값을 변경한 라이프 사이클 실습 예제 · · · · · · · · · 참조 파일 · exam/03/03-2/index.html

```html
<html>
  <head>
    <title>Vue Instance Lifecycle</title>
  </head>
  <body>
    <div id="app">
      {{ message }}
    </div>

    <script src="https://cdn.jsdelivr.net/npm/vue@2.5.2/dist/vue.js"></script>
    <script>
      new Vue({
        el: '#app',
        data: {
          message: 'Hello Vue.js!'
        },
        beforeCreate: function() {
          console.log("beforeCreate");
        },
        created: function() {
          console.log("created");
        },
        mounted: function() {
          console.log("mounted");
          this.message = 'Hello Vue!';          message 값 변경
        },
        updated: function() {
          console.log("updated");
        }
      });
    </script>
  </body>
</html>
```

mounted 단계에서 데이터를 변경했기 때문에 beforeUpdate, updated 단계에 정의한 로직이 모두 동작합니다. 다만, 여기서는 updated 단계에만 'updated'라는 로그를 출력하는 커스텀 로직을 정의했기 때문에 beforeUpdate 단계에서는 아무런 동작을 하지 않습니다. 추후 뷰의 반응성과 data의 연관성에 대해서는 별도로 설명할 것이므로 여기서는 일단 message 값이 변경됨에 따라 화면의 내용도 자연스럽게 갱신된 것이라고 이해하고 넘어가세요.

이 코드를 실행하면 다음과 같은 결과 화면이 나타납니다.

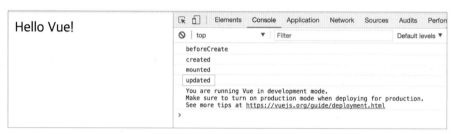

속성을 변경한 후 코드 실행 결과 화면

아까는 보이지 않던 updated 로그가 출력되었습니다. 그 이유는 message의 값이 변경됨에 따라 화면에 표시되는 message 값이 갱신되었고, 이에 따라 updated 속성에 정의한 로직이 실행되었기 때문입니다. 여기서 중요한 것은 인스턴스의 데이터가 갱신되면서 라이프 사이클 단계가 beforeUpdate, updated 단계로 진입했다는 점입니다. 이처럼 각 인스턴스 라이프 사이클에 맞춰 원하는 로직을 추가하여 원하는 시점에 실행할 수 있습니다.

뷰를 제대로 사용하려면 지금까지 배운 뷰 인스턴스 라이프 사이클을 잘 익혀 두어야 합니다. 실습한 내용이 완전히 이해되지 않았다면 앞에서 설명한 뷰 인스턴스 라이프 사이클 그림과 설명을 꼭 다시 한 번 살펴보고 다음으로 넘어가는 것이 좋습니다.

03-2 뷰 컴포넌트

컴포넌트란?

01-2에서 설명했듯이 컴포넌트(Component)란 조합하여 화면을 구성할 수 있는 블록(화면의 특정 영역)을 의미합니다. 컴포넌트를 활용하면 화면을 빠르게 구조화하여 일괄적인 패턴으로 개발할 수 있습니다. 이렇게 화면의 영역을 컴포넌트로 쪼개서 재활용할 수 있는 형태로 관리하면 나중에 코드를 다시 사용하기가 훨씬 편리합니다. 또한 모든 사람들이 정해진 방식대로 컴포넌트를 등록하거나 사용하게 되므로 남이 작성한 코드를 직관적으로 이해할 수 있습니다.

뷰에서는 웹 화면을 구성할 때 흔히 사용하는 내비게이션 바(navigation bar), 테이블(table), 리스트(list), 인풋 박스(input box) 등과 같은 화면 구성 요소들을 잘게 쪼개어 컴포넌트로 관리합니다. 다음 그림에서 왼쪽은 웹 페이지 한 화면의 영역을 각각 역할별로 분할한 그림이고, 오른쪽은 각각 분할된 영역 간의 관계를 도식화한 그림입니다. 여기서 각각 분할된 영역은 컴포넌트를 의미합니다.

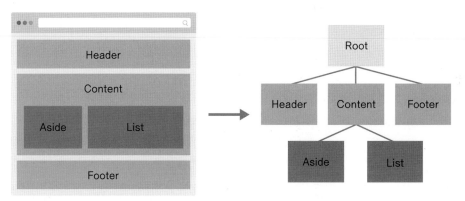

컴포넌트로 구분한 화면 영역 간의 관계도

위의 왼쪽 그림은 화면 전체를 Header, Content, Footer로 분할하였고, Content 영역을 Aside, List 영역으로 분할하였습니다. 이는 화면 전체를 3개의 컴포넌트로 분할한 후 분할된 1개의 컴포넌트에서 다시 2개의 하위 컴포넌트로 분할한 것입니다. 그리고 오른쪽 그림은 각 컴포넌트 간의 관계를 나타냅니다. 이러한 컴포넌트 간의 관계는 뷰에서 화면을 구성하는 데 매우 중요한 역할을 하며, 웹 페이지 화면을 설계할 때도 이와 같은 골격을 유지하면서 설계를 해야 합니다. 참고로 컴포넌트 간의 관계는 자료구조의 트리(Tree) 모양과 유사합니다.

컴포넌트 등록하기

컴포넌트를 등록하는 방법은 전역과 지역의 두 가지가 있습니다. 지역(Local) 컴포넌트는 특정 인
스턴스에서만 유효한 범위를 갖고, 전역(Global) 컴포넌트는 여러 인스턴스에서 공통으로 사용할
수 있습니다. 더 쉽게 말하자면 지역은 특정 범위 내에서만 사용할 수 있고, 전역은 뷰로 접근 가능
한 모든 범위에서 사용할 수 있다는 거죠. 그럼 두 가지 방법에 대해 살펴봅시다.

전역 컴포넌트 등록

전역 컴포넌트는 뷰 라이브러리를 로딩하고 나면 접근 가능한 Vue 변수를 이용하여 등록합니다.
전역 컴포넌트를 모든 인스턴스에 등록하려면 Vue 생성자에서 .component()를 호출하여 수행
하면 됩니다. 형식은 아래와 같습니다.

```
Vue.component('컴포넌트 이름', {
    // 컴포넌트 내용
});
```

전역 컴포넌트 등록 형식

전역 컴포넌트 등록 형식에는 컴포넌트 이름과 컴포넌트
내용이 있습니다. 컴포넌트 이름은 template 속성에서
사용할 HTML 사용자 정의 태그(custom tag) 이름을 의미
합니다. 태그 이름의 명명 규칙은 HTML 사용자 정의 태
그 스펙에서 강제하는 '모두 소문자'와 '케밥 기법'을 따
르지 않아도 됩니다.

> **용어** 사용자 정의 태그: HTML 표준 태그들
> 이외에도 웹 개발자가 직접 정의하여 사용할
> 수 있는 태그
>
> **용어** 케밥 기법 : 변수가 단어의 조합으로 이
> 루어져 있을 때, 단어와 단어 사이를 -로 잇는
> 변수 명명 방식(예: my-component나 my-
> global-component 등)

그리고 컴포넌트 태그가 실제 화면의 HTML 요소로 변환될 때 표시될 속성들을 컴포넌트 내용에
작성합니다. 컴포넌트 내용에는 template, data, methods 등 인스턴스 옵션 속성을 정의할 수 있
습니다.

그럼 Vue.component()로 전역 컴포넌트를 1개 등록하고 화면에 그리는 예제를 살펴보겠습니다.

전역 컴포넌트 등록하기   참조 파일 · exam/03/03-3/index.html

```html
<html>
  <head>
    <title>Vue Component Registration</title>
  </head>
  <body>
    <div id="app">
      <button>컴포넌트 등록</button>
      <my-component></my-component>  ← 전역 컴포넌트 표시
    </div>

    <script src="https://cdn.jsdelivr.net/npm/vue@2.5.2/dist/vue.js"></script>
    <script>
      Vue.component('my-component', {
        template: '<div>전역 컴포넌트가 등록되었습니다!</div>'  ← 전역 컴포넌트 등록
      });

      new Vue({
        el: '#app'
      });
    </script>
  </body>
</html>
```

이 예제를 실행하면 아래와 같은 결과 화면이 나타납니다.

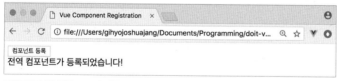

전역 컴포넌트 등록 코드의 실행 결과 화면

이 코드가 실행되어 화면에 나타나기까지의 과정을 살펴보면 다음과 같습니다. 앞에서 살펴본 인스턴스가 화면에 적용되는 과정의 그림에 컴포넌트 등록 부분과 변환 부분을 추가하였습니다.

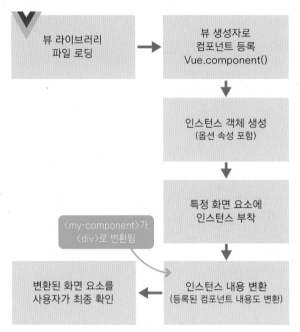

전역 컴포넌트가 화면에 나타나기까지의 처리 과정

이 그림을 보면 인스턴스가 생성되고, 인스턴스 내용이 화면 요소로 변환될 때 컴포넌트 태그도 함께 변환됩니다. 따라서 컴포넌트 태그에 정의한 컴포넌트 내용은 사용자가 볼 수 있는 형태의 화면 요소로 최종 변환되겠죠.

전역 컴포넌트를 등록하려면 HTML에서 사용할 태그 이름을 컴포넌트 이름으로 작성하고, 중괄호 {} 안에는 HTML 태그가 실제로 화면에서 그려질 때 표시될 내용(컴포넌트 내용)을 작성해야 합니다. 이 예제에서는 컴포넌트의 이름을 my-component로 지정했고, 컴포넌트 내용으로는 template 속성을 정의하고 '전역 컴포넌트가 등록되었습니다!'라는 〈div〉 태그를 작성했습니다.

따라서 이 컴포넌트를 아래와 같이 HTML에 추가하면 최종적으로 컴포넌트가 등록됩니다.

```
<my-component></my-component>
```

컴포넌트 태그 추가

그리고 등록된 my-component 컴포넌트는 실제로 화면에 아래와 같이 그려집니다.

```
<div>전역 컴포넌트가 등록되었습니다!</div>
```

컴포넌트 태그가 변환된 후의 최종 결과

결론적으로 인스턴스가 생성된 후 화면에 그려질 때 실제 HTML 코드 모양은 다음과 같습니다.

```
<div id="app">
  <button>컴포넌트 등록</button>
  <!-- 등록한 my-component가 최종적으로 변환된 모습 -->
  <div>전역 컴포넌트가 등록되었습니다!</div>
</div>
```

전역 컴포넌트가 그려질 때의 실제 코드

지역 컴포넌트 등록

지역 컴포넌트 등록은 전역 컴포넌트 등록과는 다르게 인스턴스에 components 속성을 추가하고 등록할 컴포넌트 이름과 내용을 정의하면 됩니다. 지역 컴포넌트 등록 형식은 오른쪽과 같습니다.

```
new Vue({
  components: {
    '컴포넌트 이름': 컴포넌트 내용
  }
});
```

지역 컴포넌트 등록 형식

컴포넌트 이름은 전역 컴포넌트와 마찬가지로 HTML에 등록할 사용자 정의 태그를 의미하고, 컴포넌트 내용은 컴포넌트 태그가 실제 화면 요소로 변환될 때의 내용을 의미합니다.

그럼, 지역 컴포넌트를 등록하는 방법을 다음 예제를 통해 살펴보겠습니다.

지역 컴포넌트 등록하기 · 참조 파일 · exam/03/03-4/index.html

```
...
<script>
  var cmp = {
    // 컴포넌트 내용
    template: '<div>지역 컴포넌트가 등록되었습니다!</div>'
  };

  new Vue({
    el: '#app',
    components: {
      'my-local-component': cmp
    }
  });
</script>
...
```

변수 cmp에는 화면에 나타낼 컴포넌트의 내용을 정의했습니다. 컴포넌트의 내용에 template, data, methods 등 여러 가지 속성이 들어갈 수 있지만 여기서는 간단히 컴포넌트를 등록하는 코드만 보여주기 위해 template 속성만 사용하였습니다. 그리고 template 속성에 〈div〉 태그 1개만 설정합니다. 아래 뷰 인스턴스에 components 속성을 추가하고 컴포넌트 이름에는 my-local-component를, 컴포넌트 내용에는 앞에서 컴포넌트 내용을 정의한 변수 cmp를 지정합니다.

그리고 HTML에 `<my-local-component>` 태그를 추가하여 컴포넌트를 화면에 나타냅니다.

```
<div id="app">
    <button>컴포넌트 등록</button>
    <my-local-component></my-local-component>
</div>
```

지역 컴포넌트를 표시할 화면 HTML 코드

이 예제를 실행하면 아래와 같은 결과 화면이 나타납니다.

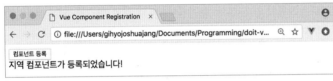

지역 컴포넌트 등록 코드의 실행 결과 화면

지금까지 지역 컴포넌트 등록과 전역 컴포넌트 등록에 대해 알아보았습니다. 그런데 아직 웹 페이지 상으로 드러나는 결과만으로는 전역 컴포넌트와 지역 컴포넌트의 차이점을 찾기가 어렵습니다. 앞에서 배운 인스턴스 유효 범위를 이용해서 전역 컴포넌트, 지역 컴포넌트 간에는 어떤 차이점이 있는지 살펴보겠습니다.

지역 컴포넌트와 전역 컴포넌트의 차이

지역 컴포넌트와 전역 컴포넌트의 차이점을 이해하기 위해서는 앞에서 배운 인스턴스의 유효 범위를 이해해야 합니다. 인스턴스의 유효 범위란 HTML의 특정 범위 안에서만 인스턴스의 내용이 유효한 것이라고 했는데, 그럼 다음 코드를 살펴볼까요?

```
...
<div id="app">
  <h3>첫 번째 인스턴스 영역</h3>
  <my-global-component></my-global-component>
  <my-local-component></my-local-component>
</div>
...
<script>
  // 전역 컴포넌트 등록
  Vue.component('my-global-component', {
    template: '<div>전역 컴포넌트입니다.</div>'
  });
  // 지역 컴포넌트 내용
  var cmp = {
    template: '<div>지역 컴포넌트입니다.</div>'
  };
  new Vue({
    el: '#app',
    // 지역 컴포넌트 등록
    components: {
      'my-local-component': cmp
    }
  });
</script>
...
```

위 코드는 인스턴스를 하나 생성하여 my-global-component 전역 컴포넌트와 my-local-
component 지역 컴포넌트를 등록하고 화면에 나타내는 예제입니다. 코드를 실행하면 아래와 같
은 결과 화면이 나타납니다.

위 예제 코드 실행 결과 화면

여기까지는 앞에서 배운 내용으로 충분히 이해할 수 있을 겁니다. 그럼 이번에는 인스턴스를 하나
더 생성하고 해당 인스턴스에서 지역, 전역 컴포넌트를 모두 표시해 보겠습니다.

```
...
<div id="app">
  <h3>첫 번째 인스턴스 영역</h3>
  <my-global-component></my-global-component>
  <my-local-component></my-local-component>
</div>
<hr>
<div id="app2">
  <h3>두 번째 인스턴스 영역</h3>
  <my-global-component></my-global-component>
  <my-local-component></my-local-component>
</div>
...
<script>
  // 전역 컴포넌트 등록
  Vue.component('my-global-component', {
    template: '<div>전역 컴포넌트입니다.</div>'
  });
  // 지역 컴포넌트 내용
  var cmp = {
    template: '<div>지역 컴포넌트입니다.</div>'
  };
  new Vue({
    el: '#app',
    // 지역 컴포넌트 등록
    components: {
      'my-local-component': cmp
    }
  });
  // 두 번째 인스턴스
  new Vue({
    el: '#app2'
  });
</script>
...
```

HTML에 `<div id="app2">` 태그를 하나 더 추가하고, 인스턴스도 하나 더 추가하였습니다. 그리고 `<div id="app2">` 태그에 전역, 지역 컴포넌트를 모두 등록하였습니다. 첫 번째 인스턴스 영역과 두 번째 인스턴스 영역을 구분하기 위해 구분선으로는 〈hr〉 태그를 사용하였습니다.

앞 예제 코드 실행 결과 화면

첫 번째 인스턴스 영역에는 전역, 지역 컴포넌트가 모두 정상적으로 나타났습니다. 하지만 구분선 밑에 두 번째 인스턴스 영역에는 전역 컴포넌트만 나타나고, 지역 컴포넌트는 나타나지 않았습니다. 왜 그럴까요? 전역 컴포넌트와 지역 컴포넌트의 유효 범위가 다르기 때문입니다.

전역 컴포넌트는 인스턴스를 새로 생성할 때마다 인스턴스에 components 속성으로 등록할 필요 없이 한 번 등록하면 어느 인스턴스에서든지 사용할 수 있습니다. 반대로 지역 컴포넌트는 새 인스턴스를 생성할 때마다 등록해 줘야 합니다.

그리고 '03-1 뷰 인스턴스의 유효 범위'에서 설명한 인스턴스의 범위도 여기에 적용됩니다. 첫 번째 인스턴스의 유효 범위는 첫 번째 인스턴스 영역으로 제한되기 때문에 <div id="app">에 지역 컴포넌트를 등록했어도 두 번째 인스턴스 영역인 <div id="app2">의 범위 안에서는 지역 컴포넌트가 인식되지 않아 아래와 같은 결과를 나타냅니다.

코드 결과를 크롬 개발자 도구의 'Elements' 패널에서 확인

〈my-local-component〉 태그는 두 번째 인스턴스의 유효 범위 안에 있더라도 이 컴포넌트가 등록된 첫 번째 유효 범위를 벗어나기 때문에 브라우저에서는 HTML 사용자 정

> 참고 오류를 해결하려면 지역 컴포넌트에 components 속성을 추가하여 다시 실행하면 됩니다.

의 태그로 인식하고, 뷰에서는 해당 컴포넌트를 제대로 등록했는지 물어보는 오류를 표시합니다.

앞에서 배운 내용을 바탕으로 지역 컴포넌트와 전역 컴포넌트를
직접 등록해 봅시다.

[불러오기] quiz/03-2/sample

[확인하기] quiz/03-2/answer

1. 전역 컴포넌트와 지역 컴포넌트 등록하기

전역 컴포넌트 todo-footer를 등록하기 위해 Vue.component()를 이용하여 컴포넌트 이름과
컴포넌트 내용을 작성하고, 지역 컴포넌트 todo-list를 등록하기 위해 components 속성을 이용
하여 컴포넌트 이름과 컴포넌트 내용을 작성합니다.

app.js

```javascript
// 실습 #1 - `todo-footer` 컴포넌트 전역 등록
// <p>This is another global child component</p>를 template으로 갖는 컴포넌트를 등록해 보세요.

var app = new Vue({
  el: '#app',
  data: {
    message: 'This is a parent component'
  },

  // 실습 #2 - `todo-list` 컴포넌트 지역 등록
  // <p>This is another local child component</p>를 template으로 갖는 컴포넌트를 등록해 보세요.
});
```

2. 전역 컴포넌트 태그와 지역 컴포넌트 태그를 화면에 표시하기

앞에서 등록한 전역 컴포넌트 todo-footer를 화면에 표시하기 위해 태그를 추가합니다. 그리고 앞에서 등록한 지역 컴포넌트 todo-list를 화면에 표시하기 위해 태그를 추가합니다.

index.html

```html
<!DOCTYPE html>
<html>
  <head>
    <meta charset="utf-8">
    <meta name="viewport" content="width=device-width, initial-scale=1.0">
    <title>Vue Components Registration Quiz</title>
  </head>
  <body>
    <div id="app">
      <header>
        <h3>{{ message }}</h3>
      </header>
      <!-- 실습 #3 - 전역 컴포넌트 등록을 위한 `todo-footer` 태그 추가 -->

      <!-- 실습 #4 - 지역 컴포넌트 등록을 위한 `todo-list` 태그 추가 -->

    </div>

    <script src="js/vendor/vue.js"></script>
    <script src="js/app.js"></script>
  </body>
</html>
```

03-3 뷰 컴포넌트 통신

컴포넌트 간 통신과 유효 범위

앵귤러1이나 백본(Backbone.js)과 같은 초창기 자바스크
립트 프레임워크에서는 한 화면을 1개의 뷰(View)로 간주
했습니다. 따라서 한 화면의 데이터를 해당 화면 영역 어디
서든지 호출할 수 있었죠. 하지만 뷰(Vue.js)의 경우 컴포

용어▶ 백본: MV*(Model-View-Controller 또는 Presentational) 자바스크립트 프레임워크로, 앵귤러1이 유행하던 시기에 쌍벽을 이루던 오픈 소스 라이브러리

넌트로 화면을 구성하므로 같은 웹 페이지라도 데이터를 공유할 수 없습니다. 그 이유는 컴포넌트
마다 자체적으로 고유한 유효 범위(Scope)를 갖기 때문입니다. 이는 뷰 프레임워크 내부적으로 정
의된 특징입니다. 따라서 각 컴포넌트의 유효 범위가 독립적이기 때문에 다른 컴포넌트의 값을 직
접적으로 참조할 수가 없습니다.

다음 예제를 봅시다.

컴포넌트 유효 범위 증명	참조 파일 • exam/03/03-7/index.html

```
...
<div id="app">
  <my-component1></my-component1>
  <my-component2></my-component2>
</div>
...
<script>
  // 첫 번째 컴포넌트 내용
  var cmp1 = {
    template: '<div>첫 번째 지역 컴포넌트 : {{ cmp1Data }}</div>',
    data: function() {
      return {
        cmp1Data : 100
      }
    }
  };
  // 두 번째 컴포넌트 내용
  var cmp2 = {
```

```
      template: '<div>두 번째 지역 컴포넌트 : {{ cmp2Data }}</div>',
      data: function() {
        return {
          cmp2Data : cmp1.data.cmp1Data
        }
      }
    };
    new Vue({
      el: '#app',
      // 지역 컴포넌트 등록
      components: {
        'my-component1': cmp1,
        'my-component2': cmp2
      }
    });
  </script>
  ...
```

이 예제는 2개의 지역 컴포넌트를 등록하고, 한 컴포넌트에서 다른 컴포넌트의 값을 직접 참조하는 예제입니다. my-component2 컴포넌트 내용에서 {{ cmp2Data }}는 my-component1 컴포넌트의 data.cmp1Data를 참조하고 있습니다. 자바스크립트의 객체 참조 방식을 생각해 보면 참조 값 100이 화면에 표시되어야 합니다. 하지만 {{ cmp2Data }}는 아무것도 표시하지 않습니다. 이 예제를 실행하면 다음과 같은 결과 화면이 나옵니다.

컴포넌트 유효 범위 확인 코드 결과 화면

{{ cmp2Data }}에 아무 값도 출력되지 않은 이유는 my-component2에서 my-component1의 값을 직접 참조할 수 없기 때문입니다. 즉, 앞에서 언급했듯이 컴포넌트의 유효 범위로 인해 다른 컴포넌트의 값을 직접 접근하지 못하기 때문에 나타난 결과입니다. 이렇게 다른 컴포넌트의 값을 참조하지 못하기 때문에 생기는 특징도 있습니다. 뷰에서 미리 정의해 놓은 데이터 전달 방식에 따라 일관된 구조로 애플리케이션을 작성하게 됩니다. 그러므로 개발자 개개인의 스타일대로 구성되지 않고, 애플리케이션이 모두 동일한 데이터 흐름을 갖습니다. 이렇게 되면 다른 사람의 코드를 빠르게 파악할 수 있어 협업하기에도 좋습니다.

상·하위 컴포넌트 관계

앞에서 살펴본 것처럼 컴포넌트는 각각 고유한 유효 범위를 갖고 있기 때문에 직접 다른 컴포넌트의 값을 참조할 수 없습니다. 따라서 뷰 프레임워크 자체에서 정의한 컴포넌트 데이터 전달 방법을 따라야 합니다. 가장 기본적인 데이터 전달 방법은 바로 상위(부모) - 하위(자식) 컴포넌트 간의 데이터 전달 방법입니다.

상위 - 하위 컴포넌트란 트리 구조에서 부모 노드, 자식 노드처럼 컴포넌트 간의 관계가 부모, 자식으로 이루어진 컴포넌트를 의미합니다. 03-2에서 배운 컴포넌트 등록 방법으로 지역 또는 전역 컴포넌트를 등록하면 등록된 컴포넌트는 자연스럽게 하위 컴포넌트(자식 컴포넌트)가 됩니다. 그리고 하위 컴포넌트를 등록한 인스턴스는 상위 컴포넌트(부모 컴포넌트)가 됩니다.

다음 그림은 뷰에서 상위 - 하위 컴포넌트 간에 데이터를 전달하는 기본적인 구조를 나타냅니다.

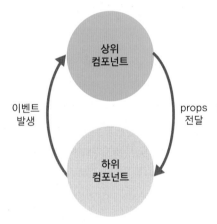

상위 - 하위 컴포넌트 간 통신 방식

먼저 상위에서 하위로는 props라는 특별한 속성을 전달합니다. 그리고 하위에서 상위로는 기본적으로 이벤트만 전달할 수 있습니다. 그러면 각 전달 방법에 대해 살펴보겠습니다.

> **참고** 이벤트와 함께 데이터를 전달하고 싶은 경우에는 이벤트의 두 번째 인자 값으로 전달하거나 이벤트 버스(Event Bus)를 활용하는 방법이 있습니다. 70쪽을 참고하세요.

상위에서 하위 컴포넌트로 데이터 전달하기

props 속성

props는 상위 컴포넌트에서 하위 컴포넌트로 데이터를 전달할 때 사용하는 속성입니다. props 속성을 사용하려면 먼저 오른쪽처럼 하위 컴포넌트의 속성에 정의합니다.

```
Vue.component('child-component', {
  props: ['props 속성 이름'],
});
```

하위 컴포넌트의 props 속성 정의 방식

그런 다음 상위 컴포넌트의 HTML 코드에 등록된 child-component 컴포넌트 태그에 v-bind 속성을 추가합니다.

<u>참고</u> v-bind 속성은 05장을 참고하세요.

```
<child-component v-bind:props 속성 이름="상위 컴포넌트의 data 속성"></child-component>
```

상위 컴포넌트의 HTML 코드

v-bind 속성의 왼쪽 값으로 하위 컴포넌트에서 정의한 props 속성을 넣고, 오른쪽 값으로 하위 컴포넌트에 전달할 상위 컴포넌트의 data 속성을 지정합니다.

그러면 props 속성을 사용해서 데이터를 전달하는 예제를 살펴보겠습니다.

props 속성을 사용한 데이터 전달 예제   참조 파일 · exam/03/03-8/index.html

```
...
<div id="app">
  <!-- 팁 : 오른쪽에서 왼쪽으로 속성을 읽으면 더 수월합니다. -->
❹ <child-component v-bind:propsdata="message"></child-component>
</div>
...
<script>
❷ Vue.component('child-component', {
  ❸ props: ['propsdata'],
  ❺ template: '<p>{{ propsdata }}</p>',
  });
❶ new Vue({
    el: '#app',
    data: {
      message: 'Hello Vue! passed from Parent Component'
    }
  });
</script>
...
```

props 속성 이름   상위 컴포넌트의 데이터 속성이 코드는 상위 컴포넌트의 message 속성을 하위 컴포넌트에 props로 전달하여 메시지를 출력하는 예제입니다. props 속성을 이해하기 위해 코드를 작성한 순서대로 살펴보겠습니다.

① new Vue()로 인스턴스를 하나 생성합니다.
② Vue.component()를 이용하여 하위 컴포넌트인 child-component를 등록합니다.
③ child-component의 내용에 props 속성으로 propsdata를 정의합니다.
④ HTML에 컴포넌트 태그를 추가합니다. `<child-component>` 태그의 v-bind 속성을 보면, `v-bind: propsdata="message"`는 상위 컴포넌트의 message 속성 값인 Hello Vue! passed from Parent Component 텍스트를 하위 컴포넌트의 propsdata로 전달하였습니다.
⑤ child-component의 template 속성에 정의된 `<p>{{ propsdata }}</p>`는 Hello Vue! passed from Parent Component가 됩니다.

위 내용을 더 간단히 정리하면 뷰 인스턴스의 data 속성에 정의된 message 속성을 하위 컴포넌트에 props로 전달하여 화면에 나타냅니다.

브라우저로 실행한 결과 화면은 다음과 같습니다.

props 속성 전달 코드 결과 화면

여기서 한 가지 짚고 넘어가야 할 부분이 있습니다. 바로 컴포넌트 간의 관계입니다.

예제 코드에서는 child-component를 전역으로 등록한 것 이외에 딱히 상위 컴포넌트를 지정하지 않았습니다. 그럼에도 불구하고 뷰 인스턴스 안에 마치 상위 컴포넌트가 존재하는 것처럼 하위 컴포넌트로 props를 내려보냈습니다. 그 이유는 컴포넌트를 등록함과 동시에 뷰 인스턴스 자체가 상위 컴포넌트가 되기 때문입니다. 관계를 정확히 이해하기 위해 다음 그림을 살펴보겠습니다.

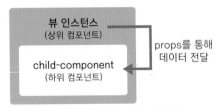

뷰 인스턴스에 child-component를 등록한 모습

이렇게 인스턴스에 새로운 컴포넌트를 등록하면 기존에 있는 컴포넌트는 상위 컴포넌트(부모)가 되고, 새로 등록된 컴포넌트는 하위(자식) 컴포넌트가 됩니다. 그리고 이렇게 새 컴포넌트를 등록한 인스턴스를 최상위 컴포넌트(Root Component)라고도 부릅니다.

하위에서 상위 컴포넌트로 이벤트 전달하기

이벤트 발생과 수신

앞에서 배운 props는 상위에서 하위 컴포넌트로 데이터를 전달하는 방식입니다. 그럼 반대로 하위 컴포넌트에서 상위 컴포넌트로의 통신은 어떻게 할까요? 이벤트를 발생시켜(event emit) 상위 컴포넌트에 신호를 보내면 됩니다. 상위 컴포넌트에서 하위 컴포넌트의 특정 이벤트가 발생하기를 기다리고 있다가 하위 컴포넌트에서 특정 이벤트가 발생하면 상위 컴포넌트에서 해당 이벤트를 수신하여 상위 컴포넌트의 메서드를 호출하는 것입니다.

> **! 알아두면 좋아요!   하위에서 상위 컴포넌트로 데이터를 전달할 수는 없나요?**
>
> 뷰 공식 사이트의 이벤트 발생 사용 방법에서는 하위에서 상위로 데이터를 전달하는 방법을 다루지 않습니다. 왜냐하면 이는 뷰의 단방향 데이터 흐름에 어긋나는 구현 방법이기 때문이죠. 하지만 향후에 복잡한 뷰 애플리케이션을 구축할 때 이벤트 버스(Event Bus)를 이용하여 데이터를 전달해야 할 경우가 있기 때문에 이벤트 인자로 데이터를 전달하는 방법에 대해서는 이 책의 이벤트 버스 부분에서 다루겠습니다.

이벤트 발생과 수신 형식

이벤트 발생과 수신은 $emit()과 v-on: 속성을 사용하여 구현합니다. 각각의 형식은 아래와 같습니다.

```
// 이벤트 발생
this.$emit('이벤트명');
```

$emit()을 이용한 이벤트 발생

```
// 이벤트 수신
<child-component v-on:이벤트명="상위 컴포넌트의 메서드명"></child-component>
```

v-on: 속성을 이용한 이벤트 수신

$emit()을 호출하면 괄호 안에 정의된 이벤트가 발생합니다. 그리고 일반적으로 $emit()을 호출하는 위치는 하위 컴포넌트의 특정 메서드 내부입니다. 따라서 $emit()을 호출할 때 사용하는 this는 하위 컴포넌트를 가리킵니다.

호출한 이벤트는 하위 컴포넌트를 등록하는 태그(상위 컴포넌트의 template 속성에 위치)에서 v-on:으로 받습니다. 하위 컴포넌트에서 발생한 이벤트명을 v-on: 속성에 지정하고, 속성의 값에 이벤트가 발생했을 때 호출될 상위 컴포넌트의 메서드를 지정합니다.

이벤트를 발생시키고 수신하기 참조 파일 · exam/03/03-9/index.html

```
...
<div id="app">
❸ <child-component v-on:show-log="printText"></child-component>
</div>
```
하위 컴포넌트의 이벤트명   상위 컴포넌트의 메서드명
```
...
<script>
  Vue.component('child-component', {
    template: '<button v-on:click="showLog">show</button>',   ❶ 버튼 요소 추가
    methods: {
❷    showLog: function() {
        this.$emit('show-log');   메서드 추가
      }
    }
  });
```
이벤트 발생 로직
```

  var app = new Vue({
    el: '#app',
    data: {
      message: 'Hello Vue! passed from Parent Component'
    },
    methods: {
      printText: function() {
❹      console.log("received an event");
      }
    }
  });
</script>
...
```

이 코드는 child-component의 [show] 버튼을 클릭하여 이벤트를 발생시키고, 발생한 이벤트로 상위 컴포넌트(여기서 루트 컴포넌트)의 printText() 메서드를 실행시키는 예제입니다. [show] 버튼을 클릭했을 때 처리되는 과정은 다음과 같습니다.

➊ [show] 버튼을 클릭하면 클릭 이벤트 `v-on:click="showLog"`에 따라 showLog() 메서드가 실행됩니다.
➋ showLog() 메서드 안에 `this.$emit('show-log')`가 실행되면서 show-log 이벤트가 발생합니다.
➌ show-log 이벤트는 `<child-component>`에 정의한 `v-on:show-log`에 전달되고, `v-on:show-log`의 대상 메서드인 최상위 컴포넌트의 메서드 printText()가 실행됩니다.
➍ printText()는 received an event라는 로그를 출력하는 메서드이므로 마지막으로 콘솔에 로그가 출력됩니다.

브라우저에 파일을 실행한 후 [show] 버튼을 클릭하면 아래와 같은 결과 화면이 나타납니다.

이벤트 발생 예제 실행 결과 화면

이와 같은 방식으로 하위 컴포넌트에서 상위 컴포넌트로 신호를 올려보내면 상위 컴포넌트의 메서드를 실행할 수도 있고, 하위 컴포넌트로 내려보내는 props의 값을 조정할 수도 있습니다.

같은 레벨의 컴포넌트 간 통신

이제까지는 뷰의 기본적인 컴포넌트 통신에 대해서 살펴봤습니다. 상위에서 하위로 props를 전달하고, 하위에서 상위로 이벤트를 전달했죠. 이번에는 상위 – 하위 관계가 아니라 같은 레벨에 있는 컴포넌트끼리 어떻게 통신하는지 알아보겠습니다.

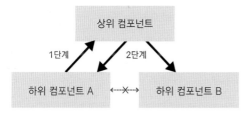

같은 레벨 간의 컴포넌트 통신 흐름

앞 그림은 같은 상위 컴포넌트를 가지는 2개의 하위 컴포넌트를 나타냅니다. 뷰는 상위에서 하위로만 데이터를 전달해야 하는 기본적인 통신 규칙을 따르기 때문에 바로 옆 컴포넌트에 값을 전달하려면 하위에서 공통 상위 컴포넌트로 이벤트를 전달한 후 공통 상위 컴포넌트에서 2개의 하위 컴포넌트에 props를 내려 보내야 합니다.

이런 방식으로 통신해야 하는 이유는 03-2에서 다룬 컴포넌트 고유의 유효 범위 때문입니다. 다른 컴포넌트의 값을 직접 참조하지 못하므로 기본적인 데이터 전달 방식을 활용하여 같은 레벨 간에 통신이 가능하도록 구조를 갖춰야 합니다.

하지만 이런 통신 구조를 유지하다 보면 상위 컴포넌트가 필요 없음에도 불구하고 같은 레벨 간에 통신하기 위해 강제로 상위 컴포넌트를 두어야 합니다. 이를 해결할 수 있는 방법이 바로 이벤트 버스입니다.

관계 없는 컴포넌트 간 통신 - 이벤트 버스

이벤트 버스(Event Bus)는 개발자가 지정한 2개의 컴포넌트 간에 데이터를 주고받을 수 있는 방법입니다. 앞에서 배운 컴포넌트 통신은 항상 상위 - 하위 구조를 유지해야만 데이터를 주고받을 수 있었습니다. 이벤트 버스를 이용하면 이런 상위 - 하위 관계를 유지하고 있지 않아도 데이터를 한 컴포넌트에서 다른 컴포넌트로 전달할 수 있습니다.

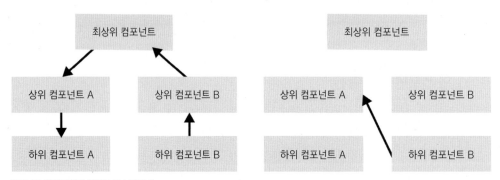

컴포넌트 관계도에서 이벤트 버스의 모습

앞 그림을 봅시다. 최하위에 있는 하위 컴포넌트 B에서 상위 컴포넌트 A로 데이터를 전달하려면 어떻게 해야 할까요? 뷰에서 제시하는 기본적인 컴포넌트 통신 방식을 생각했을 때 하위 컴포넌트 B, 상위 컴포넌트 B, 최상위 컴포넌트를 거쳐서 상위 컴포넌트 A까지 가야 합니다. 하지만 웹 앱이 커져 컴포넌트가 많아지면 이런 식의 데이터 전달 방식은 매우 번거롭습니다. 이럴 경우 이벤트 버스를 활용하면 중간 컴포넌트들을 거치지 않고 하위 컴포넌트 B에서 상위 컴포넌트 A로 바로 데이터를 전달할 수 있어 편리합니다.

이벤트 버스 형식

이벤트 버스의 형식은 오른쪽과 같습니다.

이벤트 버스를 구현하려면 애플리케이션 로직을 담는 인스턴스와는 별개로 새로운 인스턴스를 1개 더 생성하고, 새 인스턴스를 이용하여 이벤트를 보내고 받습니다. 보내는 컴포넌트에서는 .$emit()을, 받는 컴포넌트에서는 .$on()을 구현합니다.

```
// 이벤트 버스를 위한 추가 인스턴스 1개 생성
var eventBus = new Vue();
```

```
// 이벤트를 보내는 컴포넌트
methods: {
    메서드명: function() {
        eventBus.$emit('이벤트명', 데이터);
    }
}
```

```
// 이벤트를 받는 컴포넌트
methods: {
    created: function() {
        eventBus.$on('이벤트명', function(데이터) {
            ...
        });
    }
}
```

이벤트 버스 구현 형식

그럼 방금 배운 구현 형식을 이용하여 실제로 이벤트 버스를 구현해 보겠습니다.

```
...
<div id="app">
  <child-component></child-component>
</div>
...

<script>
① var eventBus = new Vue();
  Vue.component('child-component', {
  ② template: '<div>하위 컴포넌트 영역입니다.<button v-on:click="showLog">show</button>
</div>',
    methods: {
      showLog: function() {
        eventBus.$emit('triggerEventBus', 100);
      }
    }
  });

  var app = new Vue({
    el: '#app',
    created: function() {
    ③ eventBus.$on('triggerEventBus', function(value) {
        console.log("이벤트를 전달받음. 전달받은 값 : ", value);
      });
    }
  });
</script>
```

위 코드는 등록한 하위 컴포넌트의 [show] 버튼을 클릭했을 때 이벤트 버스를 이용하여 상위 컴
포넌트로 데이터를 전달하는 코드입니다.

① 먼저 이벤트 버스로 활용할 새 인스턴스를 1개 생성하고 eventBus라는 변수에 참조합니다. 이제 eventBus
변수로 새 인스턴스의 속성과 메서드에 접근할 수 있습니다.

② 하위 컴포넌트에는 template 속성과 methods 속성을 정의합니다. template 속성에는 '하위 컴포넌트 영
역입니다.'라는 텍스트와 [show] 버튼을 추가합니다. methods 속성에는 showLog() 메서드를 정의하고,
메서드 안에는 eventBus.$emit()을 선언하여 triggerEventBus라는 이벤트를 발생하는 로직을 추가합니
다. 이 이벤트는 발생할 때 수신하는 쪽에 인자 값으로 100이라는 숫자를 함께 전달합니다.

❸ 상위 컴포넌트의 created 라이프 사이클 훅에 eventBus.$on()으로 이벤트를 받는 로직을 선언합니다. 발생한 이벤트 triggerEventBus를 수신할 때 앞에서 전달된 인자 값 100이 콘솔에 출력됩니다.

간단히 정리해 보면 [show] 버튼을 클릭하여 showLog()가 실행되었을 때 **eventBus**의 이벤트가 발생합니다. 그리고 발생한 이벤트는 상위 컴포넌트의 created()에 있는 **eventBus.$on()**에서 전달받습니다. 이벤트와 함께 전달된 인자 값 100이 콘솔 로그에 함께 출력됩니다.

이 예제를 브라우저에서 실행하고, [show] 버튼을 클릭하면 아래와 같은 결과 화면이 나옵니다.

이벤트 버스 예제 실행 결과 화면

이벤트 버스를 활용하면 props 속성을 이용하지 않고도 원하는 컴포넌트 간에 직접적으로 데이터를 전달할 수 있어 편리하지만 컴포넌트가 많아지면 어디서 어디로 보냈는지 관리가 되지 않는 문제가 발생합니다. 이 문제를 해결하려면 뷰엑스(Vuex)라는 상태 관리 도구가 필요합니다. 하지만 입문 레벨에서는 꼭 알아야 하는 내용이 아니기 때문에 이 책에서는 다루지 않습니다. 뷰엑스에 대한 간략한 소개는 07장을 참고하세요.

참고 ▶ 뷰엑스는 중, 대형 애플리케이션에서 컴포넌트 간의 데이터 관리를 효율적으로 하는 라이브러리입니다. 구글에서 'vuex 시작하기', 'vuex 튜토리얼'로 검색해 보세요.

전역 컴포넌트인 child-component에 props 속성을 전달하여
하위 컴포넌트에서 상위 컴포넌트의 메시지를 출력해 보세요.

[불러오기] quiz/03-3/sample　　　　　　　　　　　　　　[확인하기] quiz/03-3/answer

1. 전역 컴포넌트 등록하기

전역 컴포넌트인 sibling-component를 등록하고 간단한 template 속성과 props 속성을 추가
합니다.

app.js

```javascript
// 할 일 #1
// sibling-component를 이름으로 하는 새로운 컴포넌트를 아래에 등록해 보세요.
// options : template, props

Vue.component('child-component', {
  props: ['propsdata'],
  template: '<p>{{ propsdata }}</p>'
});
```

2. 데이터 속성 추가하기

sibling-component에 props 속성으로 내려 보낼 데이터 속성 anotherMessage를 하나 추가합
니다.

app.js

```javascript
var app = new Vue({
  el: '#app',
  data: {
    message: 'Hello Vue! passed from Parent Component',

    // 할 일 #2
    // data 속성을 1개 더 지정하고 (예: anotherMessage) 임의의 문자열을 값으로 대입해 보세요.
    // 새로 지정한 data 속성은 위 sibling-component에 props로 전달합니다.
  }
});
```

3. 하위 컴포넌트 등록하기

하위 컴포넌트 sibling-component를 등록하고, v-bind 속성으로 앞에서 선언한 props 속성 propsdata를 지정합니다. props 속성 값에는 anotherMessage를 대입합니다.

```html
index.html

<!DOCTYPE html>
<html>
  <head>
    <meta charset="utf-8">
    <meta name="viewport" content="width=device-width, initial-scale=1.0">
    <title>Vue Components Communication Quiz</title>
  </head>
  <body>
    <div id="app">
      <child-component v-bind:propsdata="message"></child-component>

      <!-- 할 일 #3 -->
      <!-- sibling-component 등록 -->
    </div>

    <script src="js/vendor/vue.js"></script>
    <script src="js/app.js"></script>
  </body>
</html>
```

상용 웹 앱을 개발하기 위한 필수 기술들
- 라우터 & HTTP 통신

이 장에서는 간단한 화면 개발에서 한 걸음 더 나아가 상용 웹 앱을 개발할 때 필요한 기술인 뷰 라우터와 HTTP 통신에 대해서 알아보겠습니다. 상용 웹 앱의 경우 여러 페이지로 구성되어 있기 때문에 페이지 간에 이동을 돕는 라우터를 사용해야 합니다. 또한 사용자에게 의미 있는 데이터를 보여주기 위해 서버에서 데이터를 가져오는 HTTP 통신도 필요합니다. 그럼 뷰 라우터와 뷰 HTTP 통신에 대해 자세히 살펴보겠습니다.

"뷰 상용 웹 앱을 개발하기 위해 알아야 하는 페이지 이동 방법과 데이터 통신 방법"

04-1 뷰 라우터

라우팅이란?

라우터(Router)를 이해하기 위해서는 먼저 라우팅(Routing)이 무엇인지 알아야 합니다. 라우팅이란 웹 페이지 간의 이동 방법을 말합니다. 라우팅은 현대 웹 앱 형태 중 하나인 싱글 페이지 애플리케이션(SPA, Single Page Application)에서 주로 사용하고 있습니다.

> **용어** 싱글 페이지 애플리케이션: 페이지를 이동할 때마다 서버에 웹 페이지를 요청하여 새로 갱신하는 것이 아니라 미리 해당 페이지들을 받아 놓고 페이지 이동 시에 클라이언트의 라우팅을 이용하여 화면을 갱신하는 패턴을 적용한 애플리케이션

라우팅을 이용하면 화면 간의 전환이 매끄러울 뿐만 아니라 애플리케이션의 사용자 경험을 향상시킬 수 있습니다. 일반적으로 브라우저에서 웹 페이지를 요청하면 서버에서 응답을 받아 웹 페이지를 다시 사용자에게 돌려주는 시간 동안 화면 상에 깜빡거림 현상이 나타납니다. 이런 부분들을 라우팅으로 처리하면 깜빡거림 없이 화면을 매끄럽게 전환할 수 있을 뿐만 아니라 더 빠르게 화면을 조작할 수 있어 사용자 경험이 향상됩니다.

뷰뿐만 아니라 리액트와 앵귤러 모두 라우팅을 이용하여 화면을 전환하고 있으며, 프런트엔드 프레임워크를 사용하지 않고 일반 HTML 파일들로도 라우팅 자바스크립트 라이브러리를 이용하여 라우팅 방식의 페이지 이동을 구현할 수 있습니다.

> **참고** 대표적인 라우팅 라이브러리에는 router.js(http://github.com/tildeio/router.js/), navigo.js(http://github.com/krasimir/navigo)가 있습니다.

뷰 라우터

뷰 라우터는 뷰에서 라우팅 기능을 구현할 수 있도록 지원하는 공식 라이브러리입니다. 뷰 라우터를 이용하여 뷰로 만든 페이지 간에 자유롭게 이동할 수 있습니다. 뷰 라우터를 구현할 때 필요한 특수 태그와 기능은 다음과 같습니다.

태그	설명
<router-link to="URL 값">	페이지 이동 태그. 화면에서는 <a>로 표시되며 클릭하면 to에 지정한 URL로 이동합니다.
<router-view>	페이지 표시 태그. 변경되는 URL에 따라 해당 컴포넌트를 뿌려주는 영역입니다.

그럼 뷰 라우터를 이용하여 어떻게 페이지를 이동하는지 직접 코드로 확인해 보겠습니다.

```html
<!DOCTYPE html>
<html>
  <head>
    <meta charset="utf-8">
    <meta name="viewport" content="width=device-width, initial-scale=1.0">
    <title>Vue Router Sample</title>
  </head>
  <body>
    <div id="app">
      <h1>뷰 라우터 예제</h1>
      <p>
        <router-link to="/main">Main 컴포넌트로 이동</router-link>
        <router-link to="/login">Login 컴포넌트로 이동</router-link>
      </p>
      <router-view></router-view>
    </div>

    <script src="https://cdn.jsdelivr.net/npm/vue@2.5.2/dist/vue.js"></script>
    <script src="https://unpkg.com/vue-router@3.0.1/dist/vue-router.js"></script>
    <script>
      var Main = { template: '<div>main</div>' };
      var Login = { template: '<div>login</div>' };

      var routes = [
        { path: '/main', component: Main },
        { path: '/login', component: Login }
      ];

      var router = new VueRouter({
        routes
      });

      var app = new Vue({
        router
      }).$mount('#app');
    </script>
  </body>
</html>
```

① URL 값을 변경하는 태그

② URL 값에 따라 갱신되는 화면 영역

라우터 CDN 추가

③ Main, Login 컴포넌트 정의

④ 각 URL에 맞춰 표시할 컴포넌트 지정

⑤ 뷰 라우터 정의

⑥ 뷰 인스턴스에 라우터 추가

앞의 코드는 뷰 기본 라우팅 방식을 이용하여 페이지를 전환하는 예제입니다. 라우팅을 하기 위해 코드가 어떻게 동작하는지 살펴보겠습니다. HTML 코드에서는 〈router-link〉와 〈router-view〉가 눈에 띕니다.

① 각 〈router-link〉는 화면 상에서 [Main 컴포넌트로 이동], [Login 컴포넌트로 이동]이라는 〈a〉 버튼 태그로 변환되어 표시됩니다. 각 버튼을 클릭하면 to=""에 정의된 텍스트 값이 브라우저 URL 끝에 추가됩니다. 여기서는 /main과 /login의 2개의 URL이 끝에 추가됩니다.

② 〈router-view〉는 갱신된 URL에 해당하는 화면을 보여주는 영역입니다. 〈router-view〉에 나타낼 화면은 〈script〉에서 정의합니다.

스크립트 코드에는 현재 크게 Main, Login 컴포넌트를 정의하는 부분, URL 값에 따라 표시될 컴포넌트를 지정하는 **routes** 부분, 뷰 라우터에 **routes**를 연결하는 부분, 마지막으로 뷰 인스턴스를 생성하여 라우터를 삽입하는 부분이 있습니다.

③ Main과 Login 컴포넌트에는 template 속성으로 각 컴포넌트를 구분할 수 있는 정도의 간단한 HTML 코드를 정의합니다.

④ **routes** 변수에는 URL 값이 /main일 때 Main 컴포넌트를, /login일 때 Login 컴포넌트를 표시하도록 정의합니다.

⑤ **router** 변수에는 뷰 라우터를 하나 생성하고, **routes**를 삽입해 URL에 따라 화면이 전환될 수 있게 정의합니다.

⑥ 마지막 부분은 새 인스턴스를 생성하고 라우터의 정보가 담긴 **router**를 추가하는 코드입니다. 여기서 .$mount()는 el 속성과 같이 인스턴스를 화면에 붙여주는 역할을 합니다.

> **! 알아두면 좋아요! $mount() API란?**
>
> $mount() API는 el 속성과 동일하게 인스턴스를 화면에 붙이는 역할을 합니다. 인스턴스를 생성할 때 el 속성을 넣지 않았더라도 생성하고 나서 $mount()를 이용하면 강제로 인스턴스를 화면에 붙일 수가 있습니다. 참고로, 뷰 라우터의 공식 문서는 모두 인스턴스 안에 el을 지정하지 않고 라우터만 지정하여 생성한 다음 생성된 인스턴스를 $mount()를 이용해 붙이는 식으로 안내하고 있습니다.

이제 코드를 실행하면 아래와 같은 결과 화면이 나타납니다.

뷰 라우터 실행 결과 화면

위 그림에서 'Main 컴포넌트로 이동'을 클릭하면 깜박거림 현상 없이 URL의 끝이 'main'으로 바뀌면서 아래와 같은 화면이 나타납니다.

Main 컴포넌트로 이동한 화면

마찬가지로 'Login 컴포넌트로 이동'을 클릭하면 URL의 끝이 'login'으로 바뀌면서 아래와 같은 화면이 나타납니다.

Login 컴포넌트로 이동한 화면

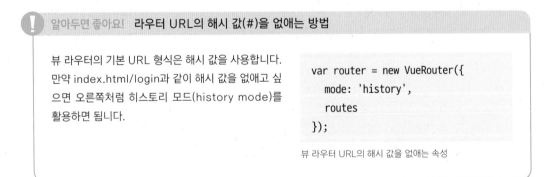

알아두면 좋아요! 라우터 URL의 해시 값(#)을 없애는 방법

뷰 라우터의 기본 URL 형식은 해시 값을 사용합니다. 만약 index.html/login과 같이 해시 값을 없애고 싶으면 오른쪽처럼 히스토리 모드(history mode)를 활용하면 됩니다.

```
var router = new VueRouter({
    mode: 'history',
    routes
});
```

뷰 라우터 URL의 해시 값을 없애는 속성

여기까지 기본 라우터를 간단하게 살펴보았습니다. 다행히 앞 예제는 한 화면에 컴포넌트 1개만 표시하면 되기 때문에 어렵지 않았습니다. 하지만 실제 웹 앱을 구현할 때는 화면이 여러 개의 컴포넌트로 분할된 경우가 많습니다. 그럼 여러 개의 컴포넌트를 동시에 표시할 수 있는 라우터인 네스티드 라우터와 네임드 뷰에 대해 알아보겠습니다.

네스티드 라우터

네스티드 라우터(Nested Router)는 라우터로 페이지를 이동할 때 최소 2개 이상의 컴포넌트를 화면에 나타낼 수 있습니다. 네스티드라는 단어에서 추측할 수 있듯이 상위 컴포넌트 1개에 하위 컴포넌트 1개를 포함하는 구조로 아래와 같이 구성합니다.

네스티드 라우터의 구조

위 그림처럼 네스티드 라우터를 이용하면 URL에 따라서 컴포넌트의 하위 컴포넌트가 다르게 표시됩니다. 예를 들어 맨 왼쪽의 그림에는 하위로 아무것도 지정하지 않았기 때문에 User 컴포넌트만 표시되고, 오른쪽 2개의 그림에는 URL 값 posts, profile에 따라 각각 Post, Profile 컴포넌트가 표시됩니다.

아래는 네스티드 라우터를 구현하는 코드입니다.

네스티드 라우터 구현하기　　　　　　　　　　참조 파일 · exam/04/04-2/index.html

```html
<!DOCTYPE html>
<html>
  <head>
    <meta charset="utf-8">
    <meta name="viewport" content="width=device-width, initial-scale=1.0">
    <title>Vue Nested Router</title>
  </head>
  <body>
    <div id="app">
      <router-view></router-view>        User 컴포넌트가 뿌려질 영역
    </div>
```

```
<script src="https://cdn.jsdelivr.net/npm/vue@2.5.2/dist/vue.js"></script>
<script src="https://unpkg.com/vue-router@3.0.1/dist/vue-router.js"></script>
<script>
  var User = {
    template: `
      <div>
        User Component
        <router-view></router-view>        ── 하위 컴포넌트가 뿌려질 영역
      </div>
      `
  };
  var UserProfile = { template: '<p>User Profile Component</p>' };
  var UserPost = { template: '<p>User Post Component</p>' };
```

❷ 컴포넌트 내용
정의

```
  var routes = [
    {
      path: '/user',
      component: User,
      children: [
        {
          path: 'posts',
          component: UserPost
        }
        {
          path: 'profile',
          component: UserProfile
        }
      ]
    }
  ];
```

❸ 네스티드 라우팅 정의

```
  var router = new VueRouter({
    routes
  });
```

❹ 뷰 라우터 정의

```
  var app = new Vue({
    router
  }).$mount('#app');
</script>
</body>
</html>
```

❺ 뷰 인스턴스에 라우터 추가

이 예제는 앞에서 설명한 네스티드 라우터의 구조를 코드로 구현한 것으로, User 컴포넌트를 상위 컴포넌트로 놓고 URL에 따라 UserPost 컴포넌트와 UserProfile 컴포넌트를 표시하는 코드입니다. 코드를 한 줄 한 줄 살펴보겠습니다.

① `<div id="app">`에 `<router-view>`를 등록하여 User 컴포넌트가 뿌려질 영역을 정의합니다.
② User, UserPost, UserProfile 컴포넌트의 내용을 각 객체에 정의합니다. 컴포넌트가 전환된 것을 확인할 수 있게 template 속성을 컴포넌트 내용에 추가하였습니다. 여기서 주목할 부분은 User 컴포넌트의 template에 하위 컴포넌트를 표시할 `<router-view>`가 하나 더 있다는 점입니다.
③ `routes`에 라우터 정보를 정의합니다. 제일 먼저 path 속성에는 네스티드 라우터를 실행하는 기본 URL을 /user로 설정하고, 상위 컴포넌트는 User 컴포넌트로 지정합니다. 그런 다음 children 속성에는 URL 값 /user 다음에 올 URL에 따라 표시될 하위 컴포넌트를 정의합니다. /user/posts인 경우 UserPost를 표시하고, /user/profile인 경우 UserProfile을 표시하도록 설정합니다.
④ 이제 뷰 라우터를 새로 하나 생성하고 앞에서 정의한 라우터 정보를 담은 객체 `routes`를 정의합니다.
⑤ 마지막으로 인스턴스를 하나 생성하고 라우터 정보 `router`를 포함합니다. 그리고 app이라는 id를 가진 요소에 인스턴스를 붙여 화면에 나타냅니다.

여기서 알 수 있는 네스티드 라우터와 기본 라우터의 차이점은 최상위(루트) 컴포넌트에도 `<router-view>`가 있고, 최상위 컴포넌트의 하위 컴포넌트(User)에도 `<router-view>`가 있다는 것입니다. 그렇기 때문에 URL에 따라 하위 컴포넌트의 내용이 바뀌게 됩니다. 컴포넌트 간 관계를 그림으로 표현하면 오른쪽과 같습니다.

실습 코드의 컴포넌트 간 관계도

이제 코드를 실행해서 어떻게 동작하는지 확인하겠습니다. 첫 화면에는 아무것도 보이지 않으므로 코드를 브라우저에 실행하고 URL 값의 끝에 user를 입력합니다.

index.html#/user 실행 결과 화면

이제 하위 컴포넌트 UserPost가 제대로 표시되는지 확인하기 위해 URL 값의 끝에 '/posts'를 추가하고 실행합니다.

index.html#/user/posts 실행 결과 화면

이번에는 URL 값의 끝을 'profile'로 바꾸고 UserProfile 컴포넌트가 정상적으로 나타나는지 확인합니다.

index.html#/user/profile 실행 결과 화면

여기까지 네스티드 라우터 구성 방법을 알아봤습니다. 네스티드 라우터는 화면을 구성하는 컴포넌트의 수가 적을 때는 유용하지만 한 번에 더 많은 컴포넌트를 표시하는 데는 한계가 있습니다. 이 문제를 해결할 수 있는 방안으로 네임드 뷰에 대해 알아보겠습니다.

네임드 뷰

네임드 뷰(Named View)는 특정 페이지로 이동했을 때 여러 개의 컴포넌트를 동시에 표시하는 라우팅 방식입니다. 앞에서 다룬 네스티드 라우터는 아래의 왼쪽 그림처럼 상위 컴포넌트가 하위 컴포넌트를 포함하는 형식이지만 네임드 뷰는 오른쪽 그림처럼 같은 레벨에서 여러 개의 컴포넌트를 한 번에 표시합니다.

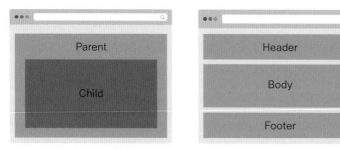

네스티드 라우터와 네임드 뷰의 차이

그러면 네임드 뷰 구조를 코드로 구현해 보겠습니다.

```
<!DOCTYPE html>
<html>
  <head>
    <meta charset="utf-8">
    <meta name="viewport" content="width=device-width, initial-scale=1.0">
    <title>Vue Named View Sample</title>
  </head>
  <body>
    <div id="app">
      <router-view name="header"></router-view>
      <router-view></router-view>          name이 없는 경우는 디폴트 ─── 라우팅 영역 정의
      <router-view name="footer"></router-view>
    </div>

    <script src="https://cdn.jsdelivr.net/npm/vue@2.5.2/dist/vue.js"></script>
    <script src="https://unpkg.com/vue-router@3.0.1/dist/vue-router.js"></script>
    <script>
      var Body = { template: '<div>This is Body</div>' };
      var Header = { template: '<div>This is Header</div>' };   컴포넌트 내용 정의
      var Footer = { template: '<div>This is Footer</div>' };

      var router = new VueRouter({
        routes: [
          {
            path: '/',
            components: {
              default: Body,
              header: Header,     <router-view>의 name 속성과 컴포넌트를 연결
              footer: Footer
            }
          }
        ]
      });

      var app = new Vue({
        router
      }).$mount('#app');
    </script>
  </body>
</html>
```

이 코드는 앞에서 네임드 뷰 구조를 설명할 때 사용한 Header, Body, Footer 구조를 네임드 뷰로 구현한 코드입니다. 파일을 실행하면 URL 값 '/'에 의해 네임드 뷰가 바로 실행됩니다. 코드를 자세히 살펴보겠습니다.

① 먼저 〈div〉 태그 안에 〈router-view〉를 3개 추가하고 name 속성을 추가합니다. 여기서 name 속성은 아래 components 속성에 정의하는 컴포넌트와 매칭하기 위한 속성입니다. Header 컴포넌트는 header, Footer 컴포넌트는 footer를 각각 name 속성에 값으로 지정합니다. 그리고 name 속성이 없는 두 번째 〈router-view〉는 default로 표시될 컴포넌트를 의미합니다.

② 이제 〈script〉로 넘어가서 Body, Header, Footer 컴포넌트의 내용이 담길 객체를 선언합니다. 각 컴포넌트 내용에는 컴포넌트 영역이 구분될 수 있게 간단한 template 속성을 추가합니다.

③ 그리고 앞의 네스티드 라우터 예제 코드와는 다르게 이번에는 new VueRouter()로 라우터를 하나 생성하고 라우터 정보를 바로 그 안에 정의합니다.

④ path는 네임드 뷰가 실행될 URL을 정의하는 속성입니다. 여기서는 애플리케이션을 실행하면 마주치는 기본 URL 값 '/'을 지정합니다.

⑤ components는 앞에서 〈router-view〉에 정의한 name 속성에 따라 표시될 컴포넌트를 정의하는 속성입니다.

⑥ 마지막으로 인스턴스를 생성하고 네임드 뷰 정보를 갖고 있는 라우터를 포함합니다.

코드를 실행하면 아래와 같은 결과 화면이 나타납니다.

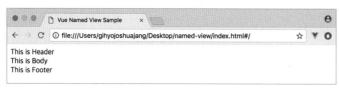

네임드 뷰 예제 코드 실행 결과 화면

이렇게 네임드 뷰를 활용하면 특정 페이지로 이동했을 때 해당 URL에 맞추어 여러 개의 컴포넌트를 한 번에 표시할 수 있습니다.

> **!** 알아두면 좋아요! **name 속성에 사용한 값이 예약어인가요?**
>
> 〈router-view〉에서 사용한 name 속성은 예약어가 아니라 사용자가 임의로 정의할 수 있는 값입니다. 위에서 사용한 header, footer 값 모두 appHeader, appFooter라고 이름을 변경해도 동일하게 동작합니다. 예외적으로 name 속성을 지정하지 않았을 때의 기본 컴포넌트는 default로 접근합니다.

URL 값의 끝을 '/'에서 '/login'으로 변경하면 화면이 변경되도록
네임드 뷰 방식을 사용해 라우터 코드를 작성해 보세요.

[불러오기] quiz/04-1/sample   [확인하기] quiz/04-1/answer

1. 네임드 뷰 라우팅 URL과 컴포넌트 추가하기

아래에 정의되어 있는 네임드 뷰 방식의 라우팅에 '/login' URL을 추가합니다. 그리고 해당 URL
에서 동작하는 LoginHeader, LoginBody, LoginFooter 컴포넌트를 추가합니다. 각 컴포넌트는
기존에 사용한 default, header, footer 속성을 그대로 사용합니다.

```
index.html

var router = new VueRouter({
  routes: [
    {
      path: '/',
      components: {
        default: Body,
        header: Header,
        footer: Footer
      }
    },
    // 실습 #1 - '/login' URL을 추가하고, LoginHeader, LoginBody, LoginFooter 컴포넌트를 추가해 보
       세요.


  ]
});
```

2. 네임드 뷰 라우팅에서 동작할 컴포넌트 내용 정의하기

'/login'으로 URL 값이 변경되었을 때 화면에 나타낼 LoginHeader, LoginBody, LoginFooter 컴포넌트의 내용을 정의합니다. 간단한 template 속성을 이용하여 3번의 결과 화면과 동일한 화면이 나올 수 있도록 구현합니다.

```
index.html

var Body = { template: '<div>This is Body</div>' };
var Header = { template: '<div>This is Header</div>' };
var Footer = { template: '<div>This is Footer</div>' };

// 실습 #2 - LoginHeader, LoginBody, LoginFooter 컴포넌트 내용을 정의해 보세요.
```

3. 결과 확인하기

구현이 완료되면 파일을 실행하여 URL 값의 끝을 '/'에서 '/login'으로 변경하여 화면이 어떻게 변하는지 확인합니다.

This is Header This is Body This is Footer

'index.html#/' 결과 화면

This is LoginHeader This is LoginBody This is LoginFooter

'index.html#/login' 결과 화면

04-2 뷰 HTTP 통신

웹 앱의 HTTP 통신 방법

요즈음 웹 앱에서 서버에 데이터를 요청하는 HTTP(HyperText Transfer Protocol) 통신은 필수로 구현해야 하는 기능입니다. 과거의 웹 사이트가 정적인 텍스트나 간단한 이미지를 나타내는 데 그쳤다면 이제는 사용자와의 상호 작용에 따라 데이터를 동적으로 화면에 표시해 줘야 하기 때문입니다.

여기서 HTTP는 브라우저와 서버 간에 데이터를 주고받는 통신 프로토콜(protocol)입니다. 브라우저에서 특정 데이터를 보내달라고 요청(request)을 보내면 서버에서 응답(response)으로 해당 데이터를 보내주는 방식으로 동작합니다. 서버에 '해당 데이터를 보내주세요.'라는 메시지를 보내는 게 바로 'HTTP 요청을 보낸다'와 같은 의미입니다.

> **용어 ▶ 프로토콜:** 컴퓨터나 단말기 간에 통신하기 위해 상호간에 정의한 규칙

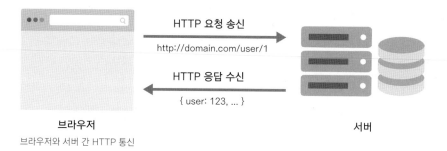

브라우저와 서버 간 HTTP 통신

웹 앱 HTTP 통신의 대표적인 사례로는 제이쿼리(jQuery)의 ajax가 있습니다. ajax는 서버에서 받아온 데이터를 표시할 때 화면 전체를 갱신하지 않고도 화면의 일부분만 변경할 수 있게 하는 자바스크립트 기법입니다. ajax가 대중화되면서 많은 웹 앱에서 ajax를 사용하고 있습니다. 리액트, 앵귤러 등에서도 활발하게 사용하고 있죠.

뷰에서도 마찬가지로 ajax를 지원하기 위한 라이브러리를 제공합니다. 뷰 프레임워크의 필수 라이브러리로 관리하던 뷰 리소스와 요즘 가장 많이 사용하는 액시오스(axios)가 바로 그것입니다. 그럼 각 라이브러리는 어떤 특징이 있는지 함께 살펴보겠습니다.

뷰 리소스

뷰 리소스(resource)는 초기에 코어 팀에서 공식적으로 권하는 라이브러리였으나 2016년 말에 에반이 공식적인 지원을 중단하기로 결정하면서 다시 기존에 관리했던 PageKit 팀의 라이브러리로 돌아갔습니다. 그 이유는 HTTP 통신 관련 라이브러리는 뷰 라우팅, 상태 관리와 같은 라이브러리와는 다르게 프레임워크에 필수적인 기능이 아니라고 판단했기 때문입니다. 그럼에도 불구하고 뷰 리소스는 아직 계속 사용할 수 있는 라이브러리이기 때문에 간단히 살펴보겠습니다.

뷰 리소스를 사용하는 방법은 CDN을 이용해서 라이브러리를 로딩하는 방식과 NPM으로 라이브러리를 설치하는 방법(ES6 기준)이 있습니다. CDN 설치 방법을 이용하여 간단히 뷰 리소스로 서버에서 특정 데이터를 받아와 로그로 출력하는 실습을 해보겠습니다.

> **참고** ES6 설치 방법은 https://github.com/pagekit/vue-resource#installation을 참고하세요.

뷰 리소스로 데이터 받아오기 참조 파일 · exam/04/04-4/index.html

```
...
<body>
  <div id="app">
  ①<button v-on:click="getData">프레임워크 목록 가져오기</button>
  </div>

  <script src="https://cdn.jsdelivr.net/npm/vue@2.5.2/dist/vue.js"></script>
  <script src="https://cdn.jsdelivr.net/npm/vue-resource@1.3.4"></script>    ← 뷰 리소스 CDN
  <script>
    new Vue({
      el: '#app',
      methods: {
        getData: function() {
        ②this.$http.get('https://raw.githubusercontent.com/joshua1988/doit-vuejs/master/data/demo.json')
              .then(function(response) {
              ③console.log(response);
                console.log(JSON.parse(response.data));
              });
        }
      }
    });
  </script>
</body>
...
```

이 코드는 버튼을 하나 추가하고 클릭하면 지정한 URL의 데이터를 가져오는 예제입니다. 여기서 불러오는 데이터는 JSON 형식의 간단한 파일이며 '프레임워크 종류 – 프레임워크 이름' 형태의 '키 – 쌍' 조합으로 총 7개의 데이터 쌍으로 되어 있습니다. 코드를 자세히 살펴보겠습니다.

❶ 먼저 버튼은 인스턴스 영역 안인 〈div〉 태그 안에 〈button〉 태그로 추가합니다. 그리고 v-on:click을 이용하여 버튼을 클릭했을 때 getData()가 호출되도록 클릭 이벤트를 설정합니다.

❷ getData()에는 뷰 리소스에서 제공하는 API인 `this.$http.get()`을 사용하여 해당 URL에서 제공하는 데이터를 받아옵니다. API 이름에서 유추할 수 있듯이 `this.$http.get()`은 HTTP GET 요청을 서버에 보내고 특정 데이터를 받아옵니다.

❸ 그리고 버튼을 클릭하여 해당 URL로 HTTP GET 요청을 보내고 나면 .then() 안에서 응답을 받은 데이터 response를 콘솔에 출력합니다. 참고로, v-on:click은 다음 장 뷰 템플릿에서 자세히 소개합니다.

앞 코드를 브라우저에서 실행하고 버튼을 클릭하면 아래와 같은 결과 화면이 나타납니다.

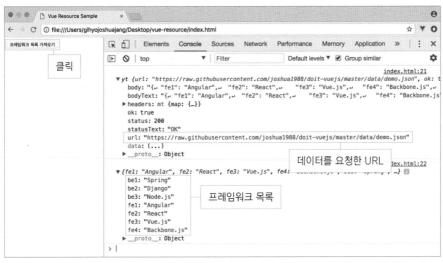

앞 코드의 실행 결과 화면

화면에서 [프레임워크 목록 가져오기] 버튼을 클릭하면 크롬 개발자 도구의 'Console' 패널에 response 객체의 값과 프레임워크 목록을 객체에 담아 출력합니다. 여기서 첫 번째 로그는 response의 내용입니다. url 속성 값에는 HTTP GET 요청을 할 때 넣었던 사이트의 URL이 들어 있습니다. 두 번째 로그는 응답 데이터의 body 값이 문자열이기 때문에 JSON.parse() 자바스크립트 API를 이용하여 자바스크립트 객체로 보기 쉽게 변환하였습니다.

이처럼 뷰 리소스 라이브러리를 이용하면 서버로부터 데이터를 받아와 화면에 나타낼 수 있습니다. 여기서는 단순히 받아온 데이터를 로그로만 출력했지만 05장에서 살펴볼 데이터 바인딩과 템플릿을 익히고 나면 받아온 데이터를 화면에 쉽게 나타낼 수 있을 겁니다.

액시오스

액시오스(Axios)는 현재 뷰 커뮤니티에서 가장 많이 사용되는 HTTP 통신 라이브러리입니다. 에반 도 뷰 리소스 라이브러리를 공식 라이브러리에서 제외하면서 액시오스를 언급했습니다. 액시오스는 깃허브 리포지토리의 별이 3만 개가 넘는데, 이는 뷰 리소스의 8천 개에 비해 압도적으로 많습니다. 그만큼 많은 개발자들이 관심을 갖고 이용하고 있다는 증거입니다. 일반적으로 오픈 소스 라이브러리의 장래성은 깃허브 리포지토리가 얼마나 활성화되어 있느냐로 판단할 수 있는데, 액시오스가 그런 면에서는 뷰 리소스보다 더 안정적으로 지원되는 라이브러리라고 할 수 있습니다.

또한 액시오스는 Promise 기반의 API 형식이 다양하게 제공되어 별도의 로직을 구현할 필요 없이 주어진 API만으로도 간편하게 원하는 로직을 구현할 수 있습니다.

> **알아두면 좋아요! Promise 기반의 API 형식이란 무엇일까요?**
>
> Promise란 서버에 데이터를 요청하여 받아오는 동작과 같은 비동기 로직 처리에 유용한 자바스크립트 객체입니다. 자바스크립트는 단일 스레드(thread)로 코드를 처리하기 때문에 특정 로직의 처리가 끝날 때까지 기다려주지 않습니다. 따라서 데이터를 요청하고 받아올 때까지 기다렸다가 화면에 나타내는 로직을 실행해야 할 때 주로 Promise를 활용합니다. 그리고 데이터를 받아왔을 때 Promise로 데이터를 화면에 표시하거나 연산을 수행하는 등 특정 로직을 수행합니다.
> 데이터 통신과 관련한 여러 라이브러리 대부분에서 Promise를 활용하고 있으며, 액시오스에서도 Promise 기반의 API를 지원합니다.

액시오스 공식 깃허브 리포지토리(https://github.com/axios/axios)에서 안내하는 문서 역시 뷰 리소스보다 더 상세하게 기술되어 있습니다. 따라서 원하는 기능에 대해 손쉽게 API 형식과 코드 예제를 참고할 수 있습니다.

액시오스 설치 및 사용하기

액시오스 설치와 사용법은 뷰 리소스와 거의 동일합니다. CDN을 이용하여 설치하는 방법과 NPM을 이용하여 설치하는 방법(ES6 기준)이 있습니다. 여기서는 CDN을 이용하는 방법을 살펴보겠습니다.

참고 ▶ NPM을 이용한 설치 방법은 다음 링크를 참고하세요. https://github.com/axios/axios#installing

```
<script src="https://unpkg.com/axios/dist/axios.min.js"></script>
```

액시오스 CDN

위 코드를 HTML 파일에 추가하면 라이브러리를 로딩하여 사용할 수 있는 상태가 됩니다.

액시오스는 뷰 리소스처럼 HTTP 통신에 대해 간단하고 직관적인 API를 제공합니다. 그리고 API 형식이 다양하여 단순한 호출 이외에도 여러 설정값을 추가하여 함께 호출할 수 있습니다.

```
//HTTP GET 요청
axios.get('URL 주소').then().catch();
```

```
//HTTP POST 요청
axios.post('URL 주소').then().catch();
```

```
//HTTP 요청에 대한 옵션 속성 정의
axios({
    method: 'get',
    url: 'URL 주소',
    ...
});
```

액시오스의 API 형식

위 API 형식을 간단히 살펴보겠습니다.

API 유형	처리 결과
axios.get('URL 주소').then().catch()	해당 URL 주소에 대해 HTTP GET 요청을 보냅니다. 서버에서 보낸 데이터를 정상적으로 받아오면 then() 안에 정의한 로직이 실행되고, 데이터를 받아올 때 오류가 발생하면 catch()에 정의한 로직이 수행됩니다.
axios.post('URL 주소').then().catch()	해당 URL 주소에 대해 HTTP POST 요청을 보냅니다. then()과 catch()의 동작은 위에서 살펴본 내용과 동일합니다.
axios({ 옵션 속성 })	HTTP 요청에 대한 자세한 속성들을 직접 정의하여 보낼 수 있습니다. 데이터 요청을 보낼 URL, HTTP 요청 방식, 보내는 데이터 유형, 기타 등등.

참고 ▶ 더 많은 API 형식을 알고 싶다면 다음 링크를 참고하세요. https://github.com/axios/axios#axios-api

앞에서 설명한 사용 방법 중 GET 요청을 하는 API로 간단히 데이터를 요청해서 받아와 콘솔에 출력하는 실습을 해보겠습니다. 코드 처리 흐름은 앞의 뷰 리소스 코드 예제와 동일합니다.

액시오스로 데이터 받아오기   참조 파일 · exam/04/04-5/index.html

```html
<html>
  <head>
    <title>Vue with Axios Sample</title>
  </head>
  <body>
    <div id="app">
      <button v-on:click="getData">프레임워크 목록 가져오기</button>
    </div>

    <script src="https://cdn.jsdelivr.net/npm/vue@2.5.2/dist/vue.js"></script>
    <script src="https://unpkg.com/axios/dist/axios.min.js"></script>
```

액시오스 라이브러리 로딩

```html
    <script>
      new Vue({
        el: '#app',
        methods: {
```

액시오스 GET 요청 API

```html
          getData: function() {
            axios.get('https://raw.githubusercontent.com/joshua1988/doit-vuejs/master/data/demo.json')
              .then(function(response) {
                console.log(response);
              });
          }
        }
      });
    </script>
  </body>
</html>
```

위 코드는 뷰 리소스 실습 예제와 마찬가지로 [프레임워크 목록 가져오기] 버튼을 클릭해서 HTTP GET 요청을 보내고 데이터를 받아와서 로그에 출력하는 예제입니다. 이전 예제 코드와 비교하면 라이브러리를 로딩해 오는 CDN의 주소와 GET 요청을 보내는 API 형식 부분만 다릅니다.

코드를 실행해 보면 응답 데이터가 담긴 객체의 모양이 앞의 예제와 다릅니다.

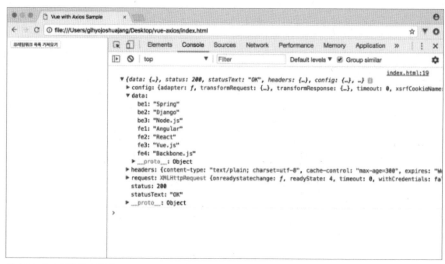

액시오스 코드 실행 결과 화면

response 객체를 확인해 보면 data 속성이 일반 문자열 형식이 아니라 객체 형태이기 때문에 별도로 JSON.parse()를 사용하여 객체로 변환할 필요가 없습니다. 이런 부분들이 뷰 액시오스가 뷰 리소스보다 사용성이 좋다는 것을 증명해 줍니다.

지금까지 뷰의 HTTP 통신 라이브러리인 뷰 리소스와 액시오스에 대해 살펴봤습니다. 라이브러리에서 제공하는 API를 이용하여 간편하게 HTTP 통신을 구현할 수 있고, 원하는 데이터를 서버에서 끌어다가 화면으로 가져올 수 있다는 것을 확인했습니다. 라이브러리에 대한 더 자세한 사용 방법과 가이드는 앞에서 소개한 각 링크 주소를 참고하세요.

화면을 개발하기 위한 기본 지식과 팁
- 템플릿 & 프로젝트 구성

이 장에서는 화면 돔 요소의 클릭 이벤트를 처리하는 방법, 화면 돔 요소와 뷰의 데이터 속성을 연결하는 방법 등 뷰로 화면을 세부적으로 꾸미는 방법들에 대해서 알아보겠습니다. 그리고 뷰로 실제 프로젝트를 구성하는 방법과 도움이 되는 도구들도 살펴보겠습니다.

05-1 뷰 템플릿
05-2 뷰 프로젝트 구성 방법

"프로젝트를 시작할 때 알아야 하는 프로젝트 구성 방법과 화면의 요소를 제어하는 방법"

05-1 뷰 템플릿

뷰 템플릿이란?

뷰의 템플릿(Template)은 HTML, CSS 등의 마크업 속성과 뷰 인스턴스에서 정의한 데이터 및 로직들을 연결하여 사용자가 브라우저에서 볼 수 있는 형태의 HTML로 변환해 주는 속성입니다.

템플릿 속성을 사용하는 방법은 두 가지로, 첫 번째는 ES5에서 뷰 인스턴스의 template 속성을 활용하는 방법입니다. 지금까지 예제에서 주로 사용한 `template: <p>Hello {{message}}</p>`와 같은 코드가 템플릿을 의미합니다.

```
<script>
  new Vue({
    template: '<p>Hello {{ message }}</p>'
  });
</script>
```

ES5에서 template 속성

여기서 템플릿 속성에 대해 한 가지 알아둘 특징이 있습니다. 사용자가 볼 수는 없지만 라이브러리 내부적으로 template 속성에서 정의한 마크업 + 뷰 데이터를 가상 돔 기반의 render() 함수로 변환합니다. 변환된 render() 함수는 최종적으로 사용자가 볼 수 있게 화면을 그리는 역할을 합니다. 그리고 변환 과정에서 뷰의 반응성(Reactivity)이 화면에 더해집니다.

참고 ▶ 뷰의 반응성은 07-1에서 자세히 다룹니다.

> **알아두면 좋아요! render() 함수에 익숙하다면 직접 구현해도 됩니다.**
>
> JSX 기반의 render() 함수에 더 익숙한 리액트 개발자라면 template 속성을 이용하지 않고 render() 함수를 사용해 화면 요소를 동일하게 구현할 수 있습니다. 하지만 뷰 프레임워크 특징 자체가 JSX나 render() 함수를 모르는 사람들도 쉽게 HTML를 이용하여 개발할 수 있게 하는 것을 목표로 하기 때문에 template 속성을 사용하도록 권하고 있습니다.
> 추후에 뷰의 반응성과 가상 돔에 대해 충분히 이해하고 나면 render() 함수를 직접 구현할 수 있습니다. 그러면 화면 요소의 동작 하나 하나에 직접 관여할 수 있기 때문에 더 빠르게 화면을 렌더링할 수 있을 것입니다.

두 번째는 이 책 후반부에서 배우게 될 싱글 파일 컴포넌트 체계의 〈template〉 코드를 활용하는 방법입니다. ES5 문법은 지금까지 계속 실습해 왔기 때문에 익숙하겠지만 싱글 파일 컴포넌트 체계의 〈template〉 코드 형식은 아직 낯설 것입니다. 이 부분은 뒤에서 자세히 살펴보겠습니다.

```html
<!-- ES6 : 싱글 파일 컴포넌트 체계 -->
<template>
  <p>Hello {{ message }}</p>
</template>
```
싱글 파일 컴포넌트 체계에서 template 속성 사용 방법

템플릿에서 사용하는 뷰의 속성과 문법은 다음과 같습니다. 차례로 하나씩 살펴봅시다.

- 데이터 바인딩
- 자바스크립트 표현식
- 디렉티브
- 이벤트 처리
- 고급 템플릿 기법

데이터 바인딩

데이터 바인딩(Data Binding)은 HTML 화면 요소를 뷰 인스턴스의 데이터와 연결하는 것을 의미합니다. 주요 문법으로는 {{ }} 문법과 v-bind 속성이 있습니다.

{{ }} - 콧수염 괄호

{{ }}는 뷰 인스턴스의 데이터를 HTML 태그에 연결하는 가장 기본적인 텍스트 삽입 방식입니다. {{ }}는 모양이 콧수염과 비슷하다고 하여 콧수염 괄호라고 부릅니다. 뷰뿐만 아니라 다른 언어나 프레임워크에서도 자주 사용되는 템플릿 문법(template syntax)입니다. 앞의 예제에서 계속 다뤘기 때문에 많이 익숙하겠지만 간단히 형식을 정리하면 다음과 같습니다.

오른쪽 코드는 data 속성의 message 속성 값인 Hello Vue.js!를 〈div〉 태그 안의 {{ message }}에 연결하여 화면에 나타내는 코드입니다. 여기서 만약 data 속성의 message 값이 바뀌면 뷰 반응성에 의해 화면이 자동으로 갱신됩니다.

```html
<div id="app">
  {{ message }}
</div>

<script>
  new Vue({
    el: '#app',
    data: {
      message: 'Hello Vue.js!'
    }
  });
</script>
```

{{ }}를 이용한 데이터 바인딩

만약 뷰 데이터가 변경되어도 값을 바꾸고 싶지 않다면 오른쪽과 같이 v-once 속성을 사용합니다.

```html
<div id="app" v-once>
  {{ message }}
</div>
```

v-once 속성을 이용한 1회 바인딩

v-bind

v-bind는 아이디, 클래스, 스타일 등의 HTML 속성(attributes) 값에 뷰 데이터 값을 연결할 때 사용하는 데이터 연결 방식입니다. 형식은 v-bind 속성으로 지정할 HTML 속성이나 props 속성 앞에 접두사로 붙여줍니다. 그럼 다음 코드를 함께 살펴보겠습니다.

v-bind 예제 참조 파일 · exam/05/05-1/index.html

```
...
<div id="app">
  <p v-bind:id="idA">아이디 바인딩</p>
  <p v-bind:class="classA">클래스 바인딩</p>
  <p v-bind:style="styleA">스타일 바인딩</p>
</div>
...
<script>
  new Vue({
    el: '#app',
    data: {
      idA: 10,
      classA: 'container',
      styleA: 'color: blue'
    }
  });
</script>
```

이 코드는 HTML의 기본 속성인 id, class, style의 앞에 v-bind:를 붙여서 뷰 인스턴스에 정의한 데이터 속성과 연결하여 화면에 나타내는 예제입니다. 코드를 실행하면 데이터의 값이 각 〈p〉 태그에 연결되어 화면에 나타납니다.

코드 실행 결과 화면

실행 결과 화면을 보면 데이터 속성의 **idA**, **classA**, **styleA** 값이 화면의 요소에 각각 연결되어 나타난 것을 확인할 수 있습니다. 특히 **styleA** 속성은 스타일 값이 적용되면서 바로 화면에 반영되어 나타납니다.

추가로 v-bind: 문법을 :로 간소화할 수 있습니다. 예를 들어, v-bind:id와 :id는 같은 동작을 합니다. 이처럼 약식 문법을 사용할 때는 기본 문법과 약식 문법을 혼용해서 사용하지 않는 것이 좋습니다. 또한 뷰 코드가 전반적으로 v- 접두사를 붙이는 형태이기 때문에 가급적 v-bind 속성을 이용하는 것이 기존 HTML 문법과 구분도 되고 다른 사람이 코드를 파악하기도 쉽습니다.

자바스크립트 표현식

뷰의 템플릿에서도 자바스크립트 표현식을 쓸 수 있습니다. 데이터 바인딩 방법 중 하나인 {{ }} 안에 자바스크립트 표현식을 넣으면 됩니다. 이전의 예제들은 단순하게 {{ }}로 data 속성의 message만 연결하여 표현하였습니다. 다음 예제 코드에서는 message 값을 화면에 나타낼 때 간단한 자바스크립트 연산을 이용하여 다양한 결과를 표현합니다.

자바스크립트 표현식 예제　　　　　　　　　参조 파일 · exam/05/05-2/index.html

```
...
<div id="app">
  <p>{{ message }}</p>
  <p>{{ message + "!!!" }}</p>
  <p>{{ message.split('').reverse().join('') }}</p>
</div>
...
<script>
  new Vue({
    el: '#app',
    data: {
      message: 'Hello Vue.js!'
    }
  });
</script>
```

첫 번째 〈p〉 태그는 message의 값 Hello Vue.js!를 그대로 출력합니다. 두 번째 〈p〉 태그는 message 값에 문자열 !!!를 추가하여 출력하기 때문에 Hello Vue.js!!!!가 출력됩니다. 세 번째 〈p〉 태그는 문자열 Hello Vue.js!의 순서를 바꿔 !sj.euV olleH로 출력합니다. 문자열 순서를 바꾸기 위해 자바스크립트 내장 API를 사용하였습니다.

자바스크립트 표현식 코드의 결과 화면

이와 같이 자바스크립트 표현식을 이용하면 데이터를 원하는 형태로 표현할 수 있습니다.

자바스크립트 표현식에서 주의할 점

자바스크립트 표현식을 사용할 때 주의할 점이 두 가지 있습니다. 첫째, 자바스크립트의 선언문과 분기 구문은 사용할 수 없습니다. 둘째, 복잡한 연산은 인스턴스 안에서 처리하고 화면에는 간단한 연산 결과만 표시해야 합니다. 다음 예제 코드를 살펴보겠습니다.

자바스크립트 표현식 사용 시 주의할 점 참조 파일 · exam/05/05-3/index.html

```
...
<div id="app">
  {{ var a = 10; }} <!-- X, 선언문은 사용 불가능 -->
  {{ if (true) {return 100} }} <!-- X, 분기 구문은 사용 불가능 -->
  {{ true ? 100 : 0 }} <!-- O, 삼항 연산자로 표현 가능 -->

  {{ message.split('').reverse().join('') }} <!-- X, 복잡한 연산은 인스턴스 안에서 수행 -->
  {{ reversedMessage }} <!-- O, 스크립트에서 computed 속성으로 계산한 후 최종 값만 표현 -->
</div>
...
<script>
  new Vue({
    el: '#app',
    data: {
      message: 'Hello Vue.js!'
    },
    computed: {          데이터 속성을 자동으로 계산해 주는 속성
      reversedMessage: function() {     {{reversedMessage}}에 표현되기 전에 연산을 수행하는 함수
        return this.message.split('').reverse().join('');
      }
    }
  });
</script>
```

{{ var a = 10; }}은 자바스크립트 선언문이고, {{ if (true) {return 100} }}은 분기 구문이므로 브라우저로 실행하면 오류가 발생합니다. 만약 분기 구문과 동일한 로직을 처리하고 싶으면 자바스크립트의 삼항 연산자를 사용합니다. 따라서 {{ if (true) { return 100 } }}에 삼항 연산자를 적용한 {{ true ? 100 : 0 }} 으로 대체할 수 있습니다.

> 용어 ▶ 삼항 연산자: 조건에 따라 정의한 두 식 중 하나를 반환하는 연산자. 조건 ? 식 1 : 식 2 조건이 참이면 식 1을 반환하고, 거짓이면 식 2를 반환

그리고 message의 텍스트 값을 역순으로 변환하는 연산은 HTML 단에서 수행하지 않고, 자바스크립트 단에서 computed 속성을 이용하여 계산한 후 최종 결과 값만 표시합니다. 뷰에서 이러한 방식을 권하는 이유는 HTML에 최종적으로 표현될 값만 나타내고, 데이터의 기본 연산은 자바스크립트 단에서 함으로써 화면단 코드의 가독성을 높일 수 있기 때문입니다. 이렇게 되면 화면단 코드를 훨씬 빠르게 읽을 수 있어 화면의 UI 구조를 쉽게 파악할 수 있습니다.

또한 반복적인 연산에 대해서는 미리 계산하여 저장해 놓고, 필요할 때 바로 불러오는 캐싱(caching) 효과를 얻을 수 있습니다. computed 속성의 캐싱 효과에 대해서는 뒤에서 자세히 살펴보겠습니다.

> 용어 ▶ 캐싱: 데이터나 값을 임시 장소에 미리 복사해 놓는 동작. 일반적으로 데이터에 접근하는 시간이나 값을 다시 계산하는 시간이 오래 걸릴 때 해당 값을 미리 임시 장소에 저장해 놓고 필요할 때 바로 불러올 수 있기 때문에 수행 시간이 훨씬 빠름

디렉티브

뷰 디렉티브(Directive)란 HTML 태그 안에 v- 접두사를 가지는 모든 속성들을 의미합니다. 앞에서 배운 v-bind 속성도 디렉티브에 해당됩니다. 디렉티브의 형식은 다음과 같습니다.

```
<a v-if="flag">두잇 Vue.js</a>
```

디렉티브 형식

위 ⟨a⟩ 태그는 뷰 인스턴스 데이터 속성에 정의된 flag 값에 따라 보이기도 하고 안 보이기도 합니다. flag 값이 참(true)이면 '두잇 Vue.js' 텍스트가 화면에 보일 것이고, 값이 거짓(false)이면 ⟨a⟩ 전체가 표시되지 않아 텍스트가 화면에서 보이지 않습니다.

디렉티브는 화면의 요소를 더 쉽게 조작하기 위해 사용하는 기능입니다. 뷰의 데이터 값이 변경되었을 때 화면의 요소들이 리액티브(Reactive)하게 반응하여 변경된 데이터

> 참고 ▶ 뷰 디렉티브와 같은 방식으로 앵귤러와 리액트에서도 프레임워크 자체적으로 화면 요소를 조작합니다.

값에 따라 갱신됩니다. 이런 식으로 화면의 요소를 직접 제어할 필요 없이 뷰의 디렉티브를 활용하여 화면 요소들을 조작할 수 있습니다.

그러면 동적인 웹 앱을 구현할 때 자주 사용하는 주요 디렉티브를 살펴보겠습니다.

디렉티브 이름	역할
v-if	지정한 뷰 데이터 값의 참, 거짓 여부에 따라 해당 HTML 태그를 화면에 표시하거나 표시하지 않습니다.
v-for	지정한 뷰 데이터의 개수만큼 해당 HTML 태그를 반복 출력합니다.
v-show	v-if와 유사하게 데이터의 진위 여부에 따라 해당 HTML 태그를 화면에 표시하거나 표시하지 않습니다. 다만, v-if는 해당 태그를 완전히 삭제하지만 v-show는 css 효과만 display:none;으로 주어 실제 태그는 남아 있고 화면 상으로만 보이지 않습니다.
v-bind	HTML 태그의 기본 속성과 뷰 데이터 속성을 연결합니다.
v-on	화면 요소의 이벤트를 감지하여 처리할 때 사용합니다. 예를 들어, v-on:click은 해당 태그의 클릭 이벤트를 감지하여 특정 메서드를 실행할 수 있습니다.
v-model	폼(form)에서 주로 사용되는 속성입니다. 폼에 입력한 값을 뷰 인스턴스의 데이터와 즉시 동기화합니다. 화면에 입력된 값을 저장하여 서버에 보내거나 watch와 같은 고급 속성을 이용하여 추가 로직을 수행할 수 있습니다. 〈input〉, 〈select〉, 〈textarea〉 태그에만 사용할 수 있습니다.

그럼 각 디렉티브의 동작을 코드로 확인해 볼까요?

많이 사용되는 디렉티브 다루기 참조 파일 · exam/05/05-4/index.html

```html
<html>
  <head>
    <title>Vue Template - Directives</title>
  </head>
  <body>
    <div id="app">
❶    <a v-if="flag">두잇 Vue.js</a>
      <ul>
❷      <li v-for="system in systems">{{ system }}</li>
      </ul>
❸    <p v-show="flag">두잇 Vue.js</p>
❹    <h5 v-bind:id="uid">뷰 입문서</h5>
❺    <button v-on:click="popupAlert">경고 창 버튼</button>
    </div>

    <script src="https://cdn.jsdelivr.net/npm/vue@2.5.2/dist/vue.js"></script>
    <script>
      new Vue({
        el: '#app',
```

```
        data: {
      ① flag: true,
      ② systems: ['android', 'ios', 'window'],
      ④ uid: 10
        },
        methods: {
      ⑤ popupAlert: function() {
            return alert('경고 창 표시');
          }
        }
      });
    </script>
  </body>
</html>
```

위 코드를 자세히 살펴보겠습니다.

① v-if : 분기 처리의 조건 값인 flag 값이 true이므로 '두잇 Vue.js' 텍스트를 화면에 표시합니다.

② v-for : 뷰 데이터 systems는 android, ios, window의 총 3개의 값을 가지는 배열입니다. 이 배열의 요소 개수만큼 <li> 태그가 반복되어 {{ system }}으로 각 요소의 값을 화면에 표시합니다.

③ v-show : v-if와 마찬가지로 flag 값이 true이므로 '두잇 Vue.js'를 화면에 표시합니다.

④ v-bind : HTML 태그의 id 속성을 뷰 데이터에 선언한 uid 값과 연결하여 화면에 표시합니다.

⑤ v-on : [경고 창 버튼]을 클릭했을 때 해당 이벤트를 감지하여 methods 속성에 선언한 popupAlert() 메서드를 수행합니다. 결과적으로 브라우저 기본 경고 창을 엽니다.

앞 코드를 실행한 결과 화면입니다.

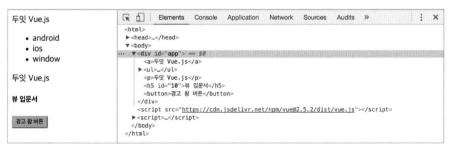

주요 디렉티브 예제 결과 화면

위 결과 화면에서 [경고 창 버튼]을 클릭해서 실제로 경고 창이 열리는지 확인합니다. 그리고 flag 값을 변경하고 크롬 개발자 도구로 화면 요소 검사를 했을 때 <p>두잇 Vue.js</p>에 어떤 변화가 있는지 확인해 보세요.

이벤트 처리

웹 앱에서 사용자의 클릭이나 키보드 입력과 같은 이벤트를 처리하는 것은 당연합니다. 뷰 역시 화면에서 발생한 이벤트를 처리하기 위해 v-on 디렉티브와 methods 속성을 활용합니다. 제이쿼리 못지않게 뷰도 이벤트 처리가 매우 간단합니다. 그럼 다음 코드로 간단한 버튼 클릭 이벤트를 처리해 보겠습니다.

v-on 디렉티브 이용해 이벤트 처리하기 참조 파일 · exam/05/05-5/index.html

```
...
<button v-on:click="clickBtn">클릭</button>
...
<script>
  ...
  methods: {
    clickBtn: function() {
      alert('clicked');
    }
  }
</script>
```

위 코드는 〈button〉 태그에 v-on:click 디렉티브를 추가하여 [클릭] 버튼을 클릭하면 clickBtn() 메서드가 실행되도록 지정하였습니다. 따라서 [클릭] 버튼을 클릭하면 methods 속성의 clickBtn() 메서드에 정의한 alert() 내장 API가 실행됩니다. 정말 그런지 코드를 실행하여 결과를 확인해 보겠습니다.

코드 실행 후 [클릭] 버튼을 클릭한 결과 화면

그리고 v-on 디렉티브로 메서드를 호출할 때 아래와 같이 인자 값을 넘기는 방법도 있습니다.

v-on 디렉티브로 메서드 호출할 때 인자 값 넘기기　　　참조 파일 · exam/05/05-6/index.html

```
...
<button v-on:click="clickBtn(10)">클릭</button>
...
<script>
  ...
  methods: {
    clickBtn: function(num) {
      alert('clicked ' + num + ' times');
    }
  }
</script>
```

이전 예제와 다르게 이벤트가 발생할 때 호출될 메서드 이름인 clickBtn만 적지 않고, clickBtn(10)으로 적었습니다. 메서드에서도 마찬가지로 **clickBtn: function(num) { }**로 num 인자를 받을 수 있게 구현했기 때문에 [클릭] 버튼을 클릭하면 넘겨받은 인자 값인 10을 사용하여 경고 창 메시지를 생성합니다.

경고 창 메시지에 인자 값 10을 사용하여 텍스트가 나타나는 화면

마지막으로 event 인자를 이용해 화면 요소의 돔 이벤트에 접근해 보겠습니다.

event 인자를 이용해 돔 이벤트에 접근하기　　　참조 파일 · exam/05/05-7/index.html

```
...
<button v-on:click="clickBtn">클릭</button>
...
<script>
  ...
  methods: {
    clickBtn: function(event) {
      console.log(event);
    }
  }
</script>
```

HTML 태그에서 v-on:click으로 호출하는 메서드에 인자를 전달하지 않아도 `clickBtn: function(event) { }`와 같이 event 인자를 정의하면 해당 돔 요소의 이벤트 객체에 접근할 수 있습니다. 코드를 실행하고 [클릭] 버튼을 클릭하면 아래와 같은 결과 화면이 나옵니다.

버튼 클릭에 따라 클릭 이벤트 객체가 콘솔에 출력되는 화면

고급 템플릿 기법

고급 템플릿 기법은 실제 애플리케이션을 개발할 때 유용한 속성으로, 앞에서 배운 데이터 바인딩, 디렉티브와 같은 기본적인 문법과 함께 사용합니다.

computed 속성

데이터를 가공하는 등의 복잡한 연산은 뷰 인스턴스 안에서 하고 최종적으로 HTML에는 데이터를 표현만 해야 한다고 설명했습니다. computed 속성은 이러한 데이터 연산들을 정의하는 영역입니다. 앞의 자바스크립트 표현식을 설명할 때 이미 아래의 예제를 살펴보았습니다.

```
...
<div id="app">
  <p>{{ reversedMessage }}</p>
</div>
...
<script>
  new Vue({
    el: '#app',
    data: {
      message: 'Hello Vue.js!'
    },
    computed: {
      reversedMessage: function() {
        return this.message.split('').reverse().join('');
      }
    }
  });
</script>
```

computed 속성을 이용한 문자열 순서 변환 코드

HTML에 바로 {{ message.split('').reverse().join('') }}를 정의할 수도 있지만 앞의 코드처럼 computed 속성인 reversedMessage를 활용하면 HTML 표현단의 코드가 더 깔끔해집니다. 그럼 더 쉽게 코드를 파악할 수 있겠죠.

computed 속성의 첫 번째 장점은 data 속성 값의 변화에 따라 자동으로 다시 연산한다는 점입니다. 예를 들어, computed 속성에서 사용하고 있는 data 속성 값이 변경되면 전체 값을 다시 한번 계산합니다. 두 번째 장점은 캐싱입니다. 캐싱은 앞에서도 설명했지만 동일한 연산을 반복해서 하지 않기 위해 연산의 결과 값을 미리 저장하고 있다가 필요할 때 불러오는 동작입니다. 여기서는 reversedMessage 값을 한 번만 표현했지만 만약 화면의 여러 곳에 값을 표시해야 한다면 computed 속성의 reversedMessage()가 미리 연산한 결과를 가지고 있다가 화면에 결과만 표시합니다.

여기서 캐싱의 특징을 정확히 이해하려면 methods 속성을 언급하지 않을 수 없으므로 methods 속성과 computed 속성의 차이점을 알아보겠습니다.

computed 속성과 methods 속성의 차이점

일단 methods 속성과 computed 속성의 가장 큰 차이점은 methods 속성은 호출할 때만 해당 로직이 수행되고, computed 속성은 대상 데이터의 값이 변경되면 자동적으로 수행된다는 것입니다. 다시 말해 수동적으로 데이터를 갱신하느냐, 능동적으로 데이터를 갱신하느냐의 차이점이 있습니다.

위 내용을 다음 예제 코드로 살펴보겠습니다.

computed 속성과 methods 속성의 차이점	참조 파일 · exam/05/05-8/index.html

```
...
<div id="app">
  <p>{{ message }}</p>
  <button v-on:click="reverseMsg">문자열 역순</button>
</div>
...
<script>
  new Vue({
    el: '#app',
    data: {
      message: 'Hello Vue.js!'
    },
```

```
    methods: {
      reverseMsg: function() {
        this.message = this.message.split('').reverse().join('');
        return this.message;
      }
    }
  });
</script>
```

위 코드는 앞에서 살펴본 computed 속성으로 문자열 순서를 바꾼 코드와 동일한 결과를 냅니다. 다만 차이점이 있다면 [문자열 역순] 버튼을 클릭했을 때만 문자열 순서를 역으로 변환한다는 것입니다.

메서드를 이용한 문자열 순서 변환 코드 실행 결과

위의 차이점을 인지한 상태에서 다시 캐싱 면에서 두 속성을 보면 methods 속성은 수행할 때마다 연산을 하기 때문에 별도로 캐싱을 하지 않지만, computed 속성은 데이터가 변경되지 않는 한 이전의 계산 값을 가지고 있다가(캐싱하고 있다가) 필요할 때 바로 반환해 줍니다. 따라서 복잡한 연산을 반복 수행해서 화면에 나타내야 한다면 computed 속성을 이용하는 것이 methods 속성을 이용하는 것보다 성능 면에서 효율적입니다.

watch 속성

watch 속성은 데이터 변화를 감지하여 자동으로 특정 로직을 수행합니다. computed 속성과 유사하지만 computed 속성은 내장 API를 활용한 간단한 연산 정도로 적합한 반면에, watch 속성은 데이터 호출과 같이 시간이 상대적으로 더 많이 소모되는 비동기 처리에 적합합니다.

> **알아두면 좋아요! 비동기 처리가 무엇인가요?**
>
> 웹 앱에서 데이터를 호출할 때 일반적으로는 서버에 http 요청을 보냅니다. 그런데 자바스크립트 코드가 실행되는 시점에서는 서버에 보낸 요청이 언제 응답이 올 지 알 수 없습니다. 따라서 다른 자바스크립트 연산에 영향을 주지 못하도록 별도의 영역(실행 컨텍스트)에서 해당 데이터를 요청하고 응답을 기다립니다. 이를 자바스크립트 비동기 처리 로직이라고 합니다.

watch 속성이 어떻게 동작하는지 확인하기 위해 다음 코드를 살펴보겠습니다.

```
...
<div id="app">
  <input v-model="message">
</div>
...
<script>
  new Vue({
    el: '#app',
    data: {
      message: 'Hello Vue.js!'
    },
    watch: {
    message: function(data) {
      console.log("message의 값이 바뀝니다 : ", data);
    }
    }
  });
</script>
```

위 코드는 간단한 인풋 박스(input box)의 입력 값을
v-model 디렉티브로 연결하여 입력 값에 변화가 있을 때
마다 watch 속성에서 변화된 값을 로그로 출력합니다. 다
음 결과 화면처럼 말이죠.

참고 ▶ v-model 디렉티브는 앵귤러의 양방향
데이터 바인딩을 본따 만든 뷰의 기능입니다.
앵귤러와 동일한 방식으로 화면단의 데이터를
스크립트단의 특정 데이터와 일치시켜 줍니다.

인풋 박스에 !를 하나 추가했을 때의 결과 화면

인풋 박스에 !를 하나 더 추가했을 때의 결과 화면

 **직접 해보세요!** 앞에서 배운 뷰 템플릿 속성 중 {{ }} 문법과 v-bind 디렉티브를 이용한 데이터 바인딩, v-on 디렉티브와 v-if 디렉티브를 직접 사용해 봅시다.

[불러오기] quiz/05-1/sample   [확인하기] quiz/05-1/answer

1. {{ }}를 이용해 데이터 바인딩하기

app.js 코드 주석 #1에 따라 data 속성 1개를 추가하고, 추가한 data 속성을 {{ }}를 이용해 화면에 표시합니다.

2. v-bind 디렉티브를 이용해 데이터 바인딩하기

app.js 코드 주석 #2에 따라 data 속성 uid의 값을 10에서 20으로 변경한 후 크롬 개발자 도구의 요소 검사 기능을 이용하여 〈p〉 태그의 id 값이 어떻게 바뀌는지 확인해 보세요.

3. v-on 디렉티브를 이용해 클릭 이벤트 처리하기

app.js 코드 주석 #3에 따라 화면의 버튼이 클릭되었을 때 동작할 이벤트 메서드 1개를 methods 속성에 정의합니다. 화면에 〈button〉 태그를 추가하고 v-on:click 속성을 추가한 후 새로 추가한 이벤트 메서드를 연결합니다. 버튼을 클릭했을 때 정의한 이벤트 메서드가 정상적으로 동작하는지 확인해 보세요.

4. v-if 디렉티브 조건에 따라 화면이 어떻게 바뀌는지 확인하기

app.js 코드 주석 #4에 따라 data 속성 flag의 값을 false로 변경한 후 화면에 어떤 변화가 있는지 확인해 보세요. 반대로 false에서 true로도 변경해서 화면을 확인해 보세요.

```
app.js

var app = new Vue({
  el: '#app',
  data: {
    message: 'Hello Vue.js',
    // 할 일 #1
    // 새로운 데이터 속성을 1개 추가하고, {{ }} 데이터 바인딩을 이용해 화면에 표시해 보세요.

    uid: '10',
    // 할 일 #2
    // uid를 변경하고 해당 uid의 변경 여부를 크롬 개발자 도구의 '화면 요소 검사' 기능으로 확인해 보세요.
    // p 태그의 id 값을 검사.
```

```
      flag: true
      // 할 일 #4
      // 위 flag 값을 false로 변경했을 때 화면에 어떤 영향을 주는지 확인해 보세요.
    },
    methods: {
      // ES6 문법
      clickBtn() {
        console.log("hi");
      },
      // ES5 문법 - 위 ES6 문법과 동일한 코드
      // clickBtn: function() {
      //   console.log("hi");
      // }

      // 할 일 #3
      // eventMethod를 하나 추가하고 index.html의 #3 영역에 해당 이벤트를 실행하는 버튼을 추가하세요.
    }
});
```

index.html

```
<!DOCTYPE html>
<html>
  <head>
    <meta charset="utf-8">
    <meta name="viewport" content="width=device-width, initial-scale=1.0">
    <title>Vue Templates quiz</title>
  </head>
  <body>
    <div id="app">
      <header>
        <h3>
          {{ message }},
          <!-- #1. 새로 추가한 데이터 속성을 아래에 추가 -->
        </h3>
      </header>
      <section>
        <!-- #2. uid 값을 변경한 후 크롬 개발자 도구의 '요소 검사' 기능으로 아래 p 태그의 id 값 확인 -->
        <p v-bind:id="uid"></p>
```

```
        <button v-on:click="clickBtn">alert</button>
        <!-- 위 코드와 아래 코드는 동일한 역할을 수행. v-on:를 간소화한 문법은 @ -->
        <!-- <button @click="clickBtn">alert</button> -->

        <!-- #3. button 태그를 추가하고 새로 추가한 클릭 메서드를 연결 -->

        <!-- #4. 데이터의 flag 속성 값의 변화에 따라 아래 내용이 어떻게 변하는지 확인 -->
        <ul v-if="flag">
          <li>1</li>
          <li>2</li>
          <li>3</li>
        </ul>
      </section>
    </div>

    <script src="js/vendor/vue.js"></script>
    <script src="js/app.js"></script>
  </body>
</html>
```

05-2 뷰 프로젝트 구성 방법

HTML 파일에서 뷰 코드 작성 시의 한계점

앞에서 뷰 애플리케이션은 여러 개의 컴포넌트로 화면을 구성하고, 페이지 사이를 이동할 때는 라우터를 사용해야 한다고 설명했습니다. 특히 앞쪽에서 다뤘던 예제나 실습은 모두 HTML 파일에서 자바스크립트와 마크업을 이용하여 예시를 들었는데, 실제로 애플리케이션을 제작하다 보면 다음과 같은 상황에서 파일 구조에 한계점을 느끼게 됩니다.

```
...
<div id="app">
  <my-component></my-component>
  <your-component></your-component>
</div>
...
<script>
  Vue.component('my-component', {
    template: `<div><h5>complex markup</h5><ul><li><button>can you figure this syntax out?
        </button></li><li><p style="color:blue;">this is the second list item</p></li><li>
        <strong>continue on adding more items</strong></li></ul></div>`
});

  Vue.component('your-component', {
    template: `<div><span style="font-size:1.2em;"><button>{{ message }}</button></span>
</div>`
  });

  new Vue({
    el: '#app',
    data: {
      message: 'click this button'
    }
  });
</script>
...
```

HTML 파일에서 뷰 소스 코드를 작성할 때의 한계점

앞의 코드는 HTML 파일에 뷰 컴포넌트를 2개 등록하고, 〈script〉 태그 안에 컴포넌트의 template 속성을 추가한 코드입니다. 혹시 브라우저에 이 파일을 실행하여 결과를 확인하기 전에 화면에 표시될 모양을 미리 예측할 수 있나요? 아마 마크업에 많이 익숙한 분이 아니라면 두 컴포넌트의 template 속성에 작성된 HTML 코드를 바로 분석해서 미리 예상하기는 쉽지 않을 겁니다.

왜냐하면 일단 〈script〉 태그 안에서 HTML 코드는 구문 강조가 적용되지 않기 때문에 오탈자를 찾기가 어렵습니다. 또한 코드 들여쓰기도 어려워 상위 태그와 하위 태그의 관계를 파악하기가 어렵습니다. 이 두 가지만 놓고 봐도 벌써 HTML 파일에서 컴포넌트를 등록해서 사용하기는 어려울 것이라고 생각할 수 있을 겁니다. 더욱이 HTML 태그 구조를 파악하기도 어렵기 때문에 CSS 스타일 시트를 작성하거나 인라인 스타일을 적용하는 건 더 어렵죠.

싱글 파일 컴포넌트 체계

이러한 문제점을 해결하는 방법이 바로 싱글 파일 컴포넌트(Single File Components) 체계입니다. 싱글 파일 컴포넌트 체계란 .vue 파일로 프로젝트 구조를 구성하는 방식을 말합니다. 확장자 .vue 파일 1개는 뷰 애플리케이션을 구성하는 1개의 컴포넌트와 동일합니다.

참고 싱글 파일 컴포넌트 구조는 02장에서 살펴본 아톰의 language-vue 패키지를 이용해 쉽게 구성할 수 있습니다.

.vue 파일은 아래와 같은 기본 구조를 가집니다.

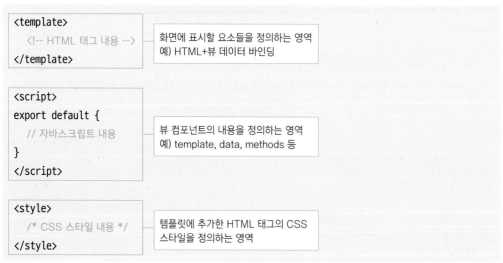

.vue 파일의 기본 구조

참고 〈script〉의 export default { } 코드는 ES6의 자바스크립트 모듈화와 관련된 문법입니다. 여기서는 쉽게 export default { } 안에는 해당 컴포넌트 동작을 정의하는 코드를 추가한다는 것만 알고 있으면 됩니다. ES6의 export 문법에 관한 자세한 설명은 07장을 참고하세요.

앞에서 살펴본 예제의 〈your-component〉를 싱글 파일 컴포넌트 체계로 변환하면 다음과 같습니다.

```
<template>
  <div>
    <span>
      <button>{{ message }}</button>
    </span>
  </div>
</template>

<script>
export default {
  data: {
    message: 'click this button'
  }
}
</script>

<style>
span {
  font-size: 1.2em;
}
</style>
```

your-component.vue 파일 내용

이러한 방식으로 〈template〉 태그 안에는 HTML 태그와 뷰 데이터 바인딩 값들을 넣고, 〈script〉 태그에는 뷰 컴포넌트에서 사용할 속성들을 정의합니다. 마지막으로 〈style〉 태그에는 HTML 태그의 스타일 속성들을 정의합니다.

your-component.vue 파일 모양

뷰 CLI

앞에서 배운 싱글 파일 컴포넌트 체계를 사용하기 위해서는 .vue 파일을 웹 브라우저가 인식할 수 있는 형태의 파일로 변환해 주는 웹팩(Webpack)이나 브라우저리파이(Browserify)와 같은 도구가 필요합니다. 웹팩은 웹 앱의 자원(HTML, CSS, 이미지)들을 자바스크립트 모듈로 변환해 하나로 묶어 웹 성능을 향상시켜 주는 자바스크립트 모듈 번들러 (module bundler)입니다. 브라우저리파이도 웹팩과 유사

용어 ▶ 모듈 번들러: 서로 의존 관계가 있는 모듈을 하나의 파일로 묶어 주는 도구

한 성격의 모듈 번들러지만 웹팩과 다르게 웹 자원 압축이나 빌드 자동화 같은 기능이 없습니다. 지금 뷰 프레임워크를 배우는 것도 바쁜데 이런 복잡한 도구들까지 배우기는 부담스럽죠.

> ❗ **알아두면 좋아요! 웹팩과 브라우저리파이에 대해 더 궁금하다면?**
>
> 웹팩과 브라우저리파이는 꽤 큰 주제의 도구이므로 이 책에서는 자세히 다루지 않습니다. '07-2 뷰 개발을 위한 웹팩'에서 뷰 프레임워크와 관련된 부분을 설명합니다. 더 자세히 알고 싶다면 다음 사이트를 참고하세요.
>
> > 웹팩 공식 사이트: https://webpack.js.org/
> > 웹팩 한글 강의: https://www.inflearn.com/course/webpack-웹팩-강좌/
> > 브라우저리파이 공식 사이트: http://browserify.org/

그래서 뷰 개발자들이 편하게 프로젝트를 구성할 수 있도록 뷰 코어 팀에서 CLI(Command Line Interface) 도구를 제공합니다. CLI는 커맨드 창에서 명령어로 특정 동작을 수행할 수 있는 도구라고 앞에서 설명했습니다. CLI에서 제공하는 명령어를 이용하면 뷰 애플리케이션을 개발하기 위한 초기 프로젝트 구조를 쉽게 구성할 수 있습니다.

참고 ▶ 뷰 CLI를 설치하려면 노드제이에스가 설치되어 있어야 합니다.

뷰 CLI 설치

그럼 뷰 CLI를 사용하기 위해 먼저 설치 작업을 진행하겠습니다. 아래와 같이 명령 프롬프트 창(윈도우) 또는 터미널(맥)을 실행한 후 npm install vue-cli -global을 입력합니다.

```
● ● ●                      vue CLI — -bash — 86×5
Gihyos-MacBook-Pro:vue CLI gihyojoshuajang$ npm install vue-cli -global
```

명령 프롬프트 창을 이용한 vue cli 설치 명령어

명령어를 실행하면 설치가 진행되고 뷰 CLI가 시스템 레벨에 설치됩니다. 시스템 레벨에 설치되었다는 말은 명령 프롬프트 창에서 vue를 입력하면 다음처럼 명령어를 인식한다는 의미입니다.

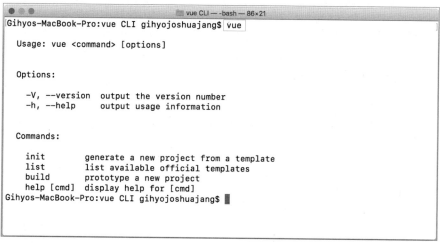

vue 명령어를 실행한 결과 화면

뷰 CLI 명령어

뷰 CLI 설치를 완료했으니 이제 본격적으로 프로젝트 초기 구성을 위한 명령어를 알아보겠습니다. 뷰 개발을 시작

> 참고▶ 프로그레시브 웹 앱에 대해서는 부록의 [Tip4]를 참고하세요.

할 때 초기 프로젝트를 쉽게 구성해 주는 명령어는 vue init입니다. vue init 명령어를 입력할 때 사용하는 프로젝트 템플릿 종류는 다음과 같이 6가지입니다.

템플릿 종류	설명
vue init webpack	고급 웹팩 기능을 활용한 프로젝트 구성 방식. 테스팅, 문법 검사 등을 지원
vue init webpack-simple	웹팩 최소 기능을 활용한 프로젝트 구성 방식. 빠른 화면 프로토타이핑용
vue init browserify	고급 브라우저리파이 기능을 활용한 프로젝트 구성 방식. 테스팅, 문법 검사 등을 지원
vue init browserify-simple	브라우저리파이 최소 기능을 활용한 프로젝트 구성 방식. 빠른 화면 프로토타이핑용
vue init simple	최소 뷰 기능만 들어간 HTML 파일 1개 생성
vue init pwa	웹팩 기반의 프로그레시브 웹 앱(PWA, Progressive Web App) 기능을 지원하는 뷰 프로젝트

템플릿의 내용은 각기 다르지만 전체적인 맥락에서 볼 때 크게 2가지는 비슷합니다.

첫째, 웹팩이나 브라우저리파이 같은 모듈 번들러를 프로 **참고** 뷰 로더는 124쪽을 참고하세요.
젝트 자체에 포함하여 바로 사용할 수 있습니다. 그리고 둘
째, .vue 파일을 HTML, CSS, 자바스크립트 파일로 변환해 주기 위한 뷰 로더(Vue Loader)를 포함
하고 있습니다. 결론적으로 .vue 파일 방식으로 애플리케이션을 개발하려면 뷰 로더와 이를 지원
하는 웹팩, 브라우저리파이 같은 모듈 번들러가 필요하다는 것을 알 수 있습니다.

앞에서 언급한 템플릿 중 웹팩과 기타 기능에 신경 쓰지 않고 뷰 프레임워크 자체에 가장 집중할
수 있는 템플릿은 webpack-simple입니다. webpack 템플릿은 웹팩의 여러 가지 기능과 함께
테스팅 라이브러리, 문법 검사 라이브러리를 모두 포함하고 있기 때문에 프로젝트 구성 방식을 파
악하는 데 상당한 시간이 소요됩니다. 그리고 까다로운 문법 검사로 인해 화면을 빠르게 구현하기
가 어렵습니다. 반면에 webpack-simple 템플릿은 뷰로 개발하기 위한 웹팩의 최소 기능들만 있
어 프로젝트 구성 자체가 간단합니다. 그럼 실제로 그런지 확인해 보겠습니다.

뷰 CLI로 프로젝트 생성하기

1. 뷰 프로젝트를 생성할 빈 폴더를 하나 생성하고, 빈 폴더에서 명령 프롬프트 창을 열어 vue init
webpack-simple을 입력합니다.

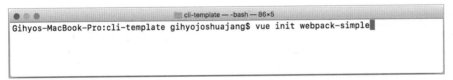

새 폴더 생성 후 vue init webpack-simple 명령어 입력

명령어를 입력하면 다음과 같은 질문이 화면에 나타납니다.

vue init webpack-simple 명령어 입력 결과 화면

앞에서 이미 새 폴더를 만들고 새 폴더 안에서 명령어를 수행했기 때문에 현재 디렉터리에 프로젝트를 생성합니다. 그리고 프로젝트 이름, 설명, 제작자는 기본적으로 설정된 값을 사용해도 되고 다른 값을 입력해도 됩니다. 마지막으로 Sass라는 확장된 CSS 언어를 설치할지의 여부를 묻는데, CSS로도 충분히 화면의 요소를 스타일링할 수 있기 때문에 '사용하지 않음(No)'으로 설정합니다.

2. 그리고 뷰 CLI 안내문에 따라 npm install을 입력하여 뷰 애플리케이션을 구동하기 위한 관련 라이브러리를 모두 다운로드합니다. 다운로드가 완료되면 다음과 같은 폴더 구조가 생성됩니다.

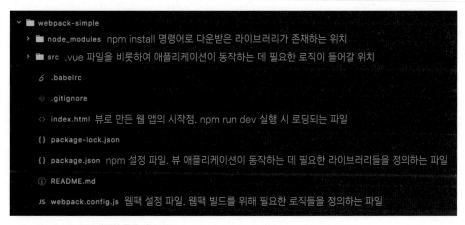

webpack-simple 프로젝트의 폴더 기본 구조

여기서 package.json의 내용을 잠깐 살펴보겠습니다.

```
{
    "name": "webpack-simple",
    "description": "A Vue.js project",                      ─── 프로젝트 정보
    "version": "1.0.0",
    "author": "joshua1988 <jangkeehyo@gmail.com>",
    "private": true,
    "scripts": {
        "dev": "cross-env NODE_ENV=development webpack-dev-server --open --hot",
        "build": "cross-env NODE_ENV=production webpack --progress --hide-modules"
    },
                                                             ─── npm 실행 명령어
    "dependencies": {
        "vue": "^2.4.4"
    },
    "devDependencies": {
        "babel-core": "^6.26.0",
        "babel-loader": "^7.1.2",
        "babel-preset-env": "^1.6.0",
        "cross-env": "^5.0.5",                               ─── 뷰, 웹팩 관련 라이브러리
        "css-loader": "^0.28.7",
        "file-loader": "^1.1.4",
        "vue-loader": "^13.0.5",
        "vue-template-compiler": "^2.4.4",
        "webpack": "^3.6.0",
        "webpack-dev-server": "^2.9.1"
    }
}
```

package.json 내용

vue init 명령어로 프로젝트를 생성할 때 package.json 파일도 함께 생성됩니다. package.json 파일은 프로젝트 정보를 담고 있는 설정 파일임과 동시에 npm 명령어 및 뷰로 애플리케이션을 제작하는 데 필요한 라이브러리 정보들을 포함하고 있습니다.

npm install 명령어를 실행하면 package.json의 라이브러리 목록이 전부 프로젝트의 node_modules 폴더 밑에 설치됩니다. 웹팩을 빌드하기 위한 바벨(Babel) 및 여러 가지 로더, 웹팩 데브 서버 등의 라이브러리와 뷰를 구현하기 위한 뷰 코어 라이브러리(2.4.4) 등이 설치됩니다.

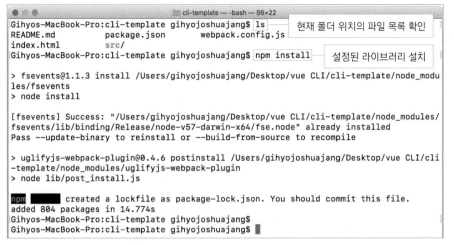

npm install 명령어로 필요 라이브러리를 설치한 화면

3. 마지막으로 npm run dev를 실행하면 브라우저가 실행되면서 오른쪽과 같은 화면이 나타납니다. 이 화면은 웹팩에서 로컬 서버를 하나 띄우고 localhost:8080으로 접근하여 애플리케이션을 실행한 모습입니다. 프로젝트 폴더의 index.html 파일이 실행된 것이죠.

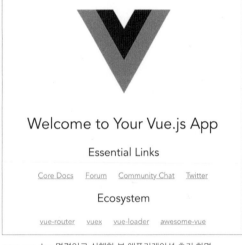

npm run dev 명령어로 실행한 뷰 애플리케이션 초기 화면

그리고 명령어를 실행한 명령 프롬프트 창에는 다음과 같은 내용이 표시됩니다.

```
● ● ●    cli-template — open • npm rvm_bin_path=/Users/gihyojoshuajang/.rvm/bin TERM_PROGRAM=Apple_Terminal GEM_HOME=/Users...
Gihyos-MacBook-Pro:cli-template gihyojoshuajang$ npm run dev

> cli-template@1.0.0 dev /Users/gihyojoshuajang/Desktop/vue CLI/cli-template
> cross-env NODE_ENV=development webpack-dev-server --open --hot

Project is running at http://localhost:8080/
webpack output is served from /dist/
404s will fallback to /index.html
```

npm run dev 명령어 실행 결과

맨 아래 3줄은 뷰 프로젝트가 http://localhost:8080/에 구동되고 있음을 알려주면서 웹팩 결과값(output)이 /dist/에서 제공되고 있다는 의미입니다.

일단 여기까지 뷰 CLI로 프로젝트를 직접 구성해 보고, 화면이 나타나는 것까지 확인하였습니다. 06장 실전 애플리케이션 만들기를 비롯하여 앞으로 뷰 프로젝트를 구성할 때는 이와 같이 뷰 CLI를 활용하면 됩니다.

참고 ▶ 로컬 서버는 갑자기 어디서 생긴 것이고, 웹팩 결과 값이 /dist/에서 제공되고 있다는 것은 무슨 말일까요? 두 가지 모두 웹팩 데브 서버와 연관이 있습니다. 자세한 내용은 07-2에서 웹팩 데브 서버를 참고하세요.

뷰 로더

뷰 로더(Vue Loader)는 웹팩에서 지원하는 라이브러리입니다. 뷰 로더는 싱글 파일 컴포넌트 체계에서 사용하는 .vue 파일의 내용을 브라우저에서 실행 가능한 웹 페이지의 형태로 변환해 줍니다.

예를 들어, 앞에서 뷰 CLI로 webpack-simple 프로젝트를 생성하고 실행했을 때 App.vue 파일의 내용이 웹 페이지에 표시되는 것을 확인할 수 있었습니다. App.vue 파일에서 〈template〉, 〈script〉, 〈style〉의 내용이 각각 HTML, 자바스크립트, CSS 코드로 인식될 수 있도록 뷰 로더가 변환 작업을 수행한 것입니다.

이 변환 기능은 웹팩에서 맡고 있습니다. 그중에서도 웹팩에 설정된 뷰 로더가 변환 기능을 수행합니다. 앞에서 설명했듯이 웹팩은 자바스크립트 모듈만 인식할 수 있기 때문에 뷰 로더가 .vue 파일을 일단 자바스크립트 모듈로 변환합니다. 하지만 필요에 따라 웹팩의 추가 플러그인을 이용하면 웹팩으로 변환된 자바스크립트 모듈을 CSS나 HTML 파일로 분리할 수 있습니다.

그럼 뷰 CLI를 이용하여 프로젝트를 생성했을 때 중요한 역할을 하고 있는 뷰 로더를 함께 살펴보겠습니다.

웹팩 설정 파일의 뷰 로더 속성 확인

뷰 로더가 웹팩에서 어떻게 설정되어 있는지 확인하기 위해 웹팩 설정 파일의 뷰 로더 속성을 확인해 보겠습니다. 앞에서 생성한 webpack-simple 프로젝트의 webpack.config.js 파일을 보면 다음과 같이 뷰 로더가 적용되어 있습니다.

```
module: {
  rules: [
    {
      test: /\.vue$/,          ┌─ 대상 파일 지정
      loader: 'vue-loader',    └─ 사용할 로더 지정
      options: {
        loaders: {
        }
        // other vue-loader options go here
      }
    },
```

웹팩의 뷰 로더 처리 부분

module과 rules는 웹팩의 로더(Loader)를 설정하는 속성
입니다. 여기서 주목해야 하는 부분은 test, loader 속성입

참고 웹팩의 로더가 궁금하다면 07장 '뷰 개발을 위한 웹팩'을 참고하세요.

니다. test는 로더가 적용될 대상 파일을 지정하는 속성이고, loader는 적용할 로더의 종류를 지정
하는 속성입니다. 위 코드는 프로젝트 폴더 내에서 .vue 확장자를 가진 파일을 모두 선택하여 뷰
로더를 적용하는 코드입니다. 그리고 .vue 파일을 선택하기 위해 자바스크립트 정규 표현식을 사
용하였습니다.

위 설명을 더 쉽게 이해하기 위해 프로젝트에 App.vue, Login.vue, Main.vue, Table.vue 컴포
넌트가 있다고 가정하고 뷰 로더를 적용한 모습을 그림으로 나타내 보겠습니다.

참고 프로젝트 폴더 내의 어느 위치든 .vue 파일을 생성할 수 있지만 체계적인 프로젝트 폴더 구조를 위해 일반적으로 src 폴더 밑에 컴포넌트(.vue) 파일을 배치합니다.

뷰 컴포넌트를 추가한 src 폴더 모습

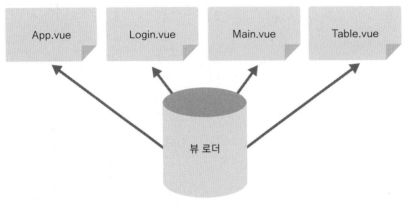

App.vue   Login.vue   Main.vue   Table.vue

뷰 로더

프로젝트 구조에 뷰 로더가 적용된 모습

위와 같이 뷰 CLI로 생성된 프로젝트 폴더의 모든 .vue 파일에 뷰 로더가 적용됩니다.

이렇게 뷰 CLI로 생성한 프로젝트에 웹팩과 뷰 로더가 기본적으로 설정되어 있기 때문에 웹팩을
몰라도 어느 정도의 가벼운 화면 프로토타이핑은 가능합니다. 그럼 이 장에서 배운 싱글 파일 컴포
넌트 체계, 뷰 CLI, 뷰 로더를 이용해 다음 장에서 프로젝트를 생성하고 애플리케이션을 제작해 보
겠습니다.

| 뷰 CLI 설치
npm i vue-cli -g | → | 프로젝트 생성
vue init
webpack-simple | → | 관련 라이브러리 설치
npm install | → | 프로젝트 구동
npm run dev |

뷰 CLI로 프로젝트를 구성하는 과정

둘째
마당

Vue.js 실전 투입!

둘째마당의 목표는 첫째마당에서 배운 내용을 바탕으로 실제 애플리케이션을 제작하여 뷰의 필수 지식들을 온전히 내 것으로 소화하는 것입니다. 이 내용을 소화한 이후에는 더 능숙한 개발자가 될 수 있도록 고급 내용들을 소개하겠습니다.

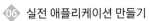
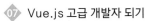

실전 애플리케이션 만들기

◆

이 장에서는 지금까지 배운 내용을 종합하여 할 일 관리 앱을 제작해 보겠습니다. 컴포넌트 기반으로 애플리케이션 화면을 설계하는 방법부터 컴포넌트 간 통신 방식까지 다룹니다. 애플리케이션을 다 제작하고 나면 앞으로 어떤 웹 앱이든 뷰로 개발할 수 있다는 자신감이 생길 겁니다.

◆--

"간단한 할 일 관리 앱으로 애플리케이션 구조화 방법 및 제작 방법을 배워 보자!"

06-1 할 일 관리 앱 살펴보기

왜 할 일 관리 앱을 만들어야 하나?

프런트엔드 프레임워크를 배울 때 할 일 관리 앱은 꼭 구현해 봐야 합니다. 실무에서 서비스를 만들 때 사용하는 데이터 조작 방법(삽입, 조회, 변경, 삭제)을 간단한 코드로 구현해 볼 수 있기 때문입니다. 기업의 실제 서비스는 이 데이터 조작 방법 4가지에서 크게 벗어나지 않고 화면을 더 추가하여 복잡도만 높여 놓은 수준입니다.

또한 할 일 관리 앱은 적은 코드 양으로 뷰 애플리케이션을 제작할 때 반드시 알아야 할 컴포넌트 구조화와 컴포넌트 통신을 구현해 볼 수 있습니다. 프런트엔드 프레임워크를 배운 사람이라면 한 번쯤은 구현해 봤을 법한 주제인 할 일 관리 앱을 뷰로 직접 만들어 보면서 뷰에 대한 감각을 더 익혀 봅시다.

할 일 관리 앱 살펴보기

여기에서 만들 할 일 관리 앱의 화면을 먼저 살펴보겠습니다. 오른쪽 그림에서 볼 수 있듯이 이 장에서 제작하는 할 일 관리 앱은 모바일 화면에 최적화되어 있습니다. 크롬 브라우저에서 이러한 화면을 보려면 개발자 도구를 열고 ⓡ 옆의 ⓓ를 누르세요. https://vuejstodo-aa185. firebaseapp.com/ 링크에 접속하면 완성된 애플리케이션을 확인할 수 있습니다.

맨 위의 할 일 입력 창에 할 일을 입력하고 ➕ 버튼을 누르거나 [Enter]를 누르면 할 일이 아래의 할 일 목록에 추가됩니다. 그리고 할 일 목록의 각 열에서 🗑 버튼을 누르면 해당 열이 삭제되고, 맨 아래에 [Clear All] 버튼을 누르면 모든 할 일이 삭제되는 간단한 웹 앱입니다.

여기서 추가된 할 일 텍스트 데이터는 모두 브라우저 저장소인 로컬 스토리지(Local Storage)에 저장됩니다. 브라우저 저장소를 사용하면 서버와 데이터베이스를 별도로 구성하지 않고도 간단하게 자바스크립트 한 줄로 데이터를 저장하고, 삭제할 수 있습니다. 저장된 데이터의 형식은 키(key) : 값(value)입니다. 다음 화면은 로컬 스토리지에 키와 값이 저장된 모습입니다.

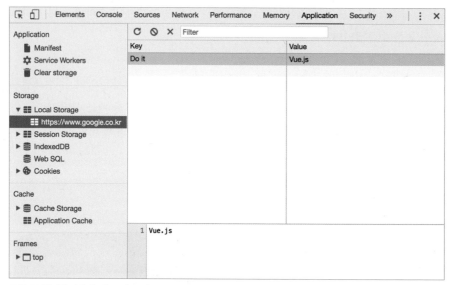

로컬 스토리지에 저장된 키(Do it) : 값(Vue.js) 형태의 데이터

> **❗ 알아두면 좋아요! 브라우저 저장소의 종류**
>
> 브라우저 저장소에는 로컬 스토리지, 세션 스토리지(Session Storage), 인덱스드 디비(IndexedDB) 등 여러 가지가 있습니다. 여기서는 가장 간단하게 사용할 수 있는 로컬 스토리지를 활용합니다. 로컬 스토리지와 세션 스토리지에 대해 더 알고 싶은 분들은 https://developer.mozilla.org/en-US/docs/Web/API/Web_Storage_API를 참고하세요.

애플리케이션 컴포넌트 구조도

이 애플리케이션이 어떤 컴포넌트들로 구조화되어 있는지 살펴보겠습니다.

여기서 꼭 짚고 넘어가야 할 부분이 '왜 간단한 페이지 1개를 4개의 컴포넌트로 쪼개 놓았는가?'입니다. 이는 뷰를 포함한 대부분의 컴포넌트 기반 프레임워크(앵귤러, 리액트)에서 추구하는 재사용성과 연관이 있습니다. 화면 1개를 큰 컴포넌트 1개로 놓고 페이지를 제작하는 방식보다 인풋 박스, 목록, 버튼 등의 작은 역할 단위로 컴포넌트를 관리하는 것이 다른 페이지에서 해당 코드를 재사용하기가 수월하기 때문입니다. 이러한 이유로 컴포넌트 기반 프레임워크에서는 컴포넌트의 단위를 작게 설계하도록 권하고 있습니다.

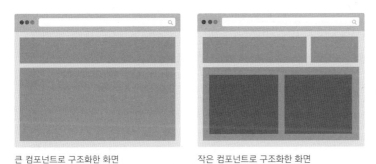

큰 컴포넌트로 구조화한 화면   작은 컴포넌트로 구조화한 화면

그리고 화면 1개를 여러 컴포넌트로 쪼개 놓았을 때는 각 컴포넌트 간에 자유롭게 데이터를 전달할 수 있어야 반응성이 더 좋은 뷰 애플리케이션을 제작할 수 있습니다. 뷰 개발자에게 컴포넌트 구조화와 설계는 필수 지식이기 때문에 직접 구현해 보겠습니다.

06-2 프로젝트 생성하고 구조 확인하기

뷰 CLI를 이용한 프로젝트 생성

프로젝트 초기 구성을 위해 뷰 CLI로 프로젝트를 생성합니다. 여러분이 원하는 위치에 새로운 폴더 vue-todo를 생성하고 vue-todo 폴더 내에서 명령 프롬프트 창을 엽니다. 명령 프롬프트 창에 아래와 같이 vue init webpack-simple을 입력하고 실행합니다.

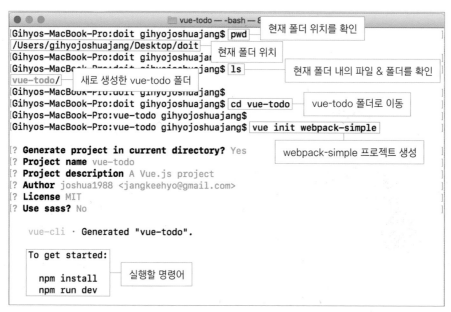

vue init webpack-simple 명령어 실행 결과

위 그림은 doit이라는 폴더 위치에서 vue-todo라는 폴더를 새로 생성하고, vue-todo 폴더로 가서 webpack-simple 프로젝트를 생성하는 과정을 보여주는 화면입니다.

> **! 알아두면 좋아요! pwd, ls는 리눅스 기반 명령어입니다.**
>
> pwd는 터미널에서 현재 위치를 확인하는 명령어입니다. ls는 현재 폴더 내에 있는 파일과 폴더의 목록을 보여줍니다. cd는 폴더 이름과 함께 입력하면 해당 폴더로 이동하는 명령어입니다. 여기서 사용한 명령어 중 pwd와 ls는 모두 리눅스 기반 명령어이기 때문에 맥, 리눅스에서만 동작하고 윈도우에서는 실행되지 않습니다. 윈도우에서는 ls 대신 dir로 입력합니다.

현재 디렉터리에 프로젝트 생성, 프로젝트 이름, 프로젝트 정보, 저자, 라이선스, Sass 사용 여부를 모두 설정하였습니다. 그리고 npm install 명령어를 입력하여 package.json 파일(npm 설정 파일)에 등록된 자바스크립트 라이브러리를 모두 다운로드합니다. 설치를 완료한 후 npm run dev를 실행하여 애플리케이션이 정상적으로 실행되는지 확인합니다.

이렇게 해서 뷰 CLI로 초기 프로젝트 구성을 완료하였습니다.

프로젝트 초기 설정

다음 단계로 넘어가기 전에 프로젝트에 반응형 웹 디자인 태그와 이후에 사용할 아이콘 CSS를 설정하겠습니다.

반응형 웹 디자인 태그 설정

반응형 웹 디자인(Responsive Web Design)은 하나의 웹 사이트로 PC, 모바일, 태블릿 등 어느 기기에서도 깨지지 않는 자연스러운 레이아웃을 제공하는 웹 디자인 방법입니다. 이 장에서 제작할 실전 애플리케이션은 모바일 웹 기준으로 설계할 것이므로 모바일 웹에서도 레이아웃이 잘 조정될 수 있게 설정해 주어야 합니다.

그럼 index.html 파일의 〈head〉 태그에 아래와 같이 〈meta〉 태그를 추가합니다.

```html
<head>
  <meta charset="utf-8">
  <meta name="viewport" content="width=device-width, initial-scale=1.0">
  <title>Vue.js Todo</title>
</head>
```

viewport 메타 태그 추가

이렇게 viewport 메타 태그를 추가하면 PC 웹 화면뿐만 아니라 모바일 웹에서도 레이아웃이 깨지지 않고 잘 보입니다. 여기서 사용한 width=device-width 속성은 기기의 너비만큼 웹 페이지의 너비를 지정하라는 의미입니다. 그리고 initial-scale=1.0은 페이지의 배율로, 페이지가 로딩되었을 때 줌(zoom) 레벨을 의미합니다.

어썸 아이콘 CSS 설정

애플리케이션의 예쁜 UI를 위해 버튼은 일반 문자열 대신 어썸 아이콘(Awesome Icon)을 활용합니다. 어썸 아이콘은 구글의 머터리얼(Material) 아이콘보다 더 많은 종류를 제공하며 대중적으로 사용되는 아이콘 CSS입니다.

어썸 아이콘을 사용하려면 다음과 같이 ⟨head⟩ 태그에 ⟨link⟩ 태그를 추가합니다.

```
<head>
  <meta charset="utf-8">
  <meta name="viewport" content="width=device-width, initial-scale=1.0">
  <link rel="stylesheet" href="https://use.fontawesome.com/releases/v5.0.10/css/all.css">
  <title>Vue.js Todo</title>
</head>
```

폰트 어썸 아이콘 CSS를 추가한 ⟨head⟩ 태그 내용

위 링크 태그는 일일이 다 입력하는 것보다 검색 엔진에서 검색해서 복사, 붙여 넣기하는 것이 편리합니다. 검색 엔진에 font awesome cdn이라고 입력해 검색하고, 상단에 나타나는 사이트에 접속하여 위 ⟨link⟩ 태그를 가져옵니다.

> **참고** 폰트 어썸 아이콘 공식 사이트는 https://fontawesome.com/입니다.

폰트와 파비콘 설정

애플리케이션에서 사용할 폰트(font)와 파비콘(favicon)을 설정합니다. 파비콘은 브라우저로 웹 앱을 실행했을 때 웹 사이트 제목의 왼쪽에 표시되는 로고를 의미합니다. 폰트는 구글 폰트 중 Ubuntu를 사용하고, 파비콘은 뷰에서 제공하는 기본 로고를 사용하겠습니다.

```
<head>
  <meta charset="utf-8">
  <meta name="viewport" content="width=device-width, initial-scale=1.0">
  <link rel="stylesheet" href="https://use.fontawesome.com/releases/v5.0.10/css/all.css">
  <link rel="shortcut icon" href="src/assets/favicon.ico" type="image/x-icon">
  <link rel="icon" href="src/assets/favicon.ico" type="image/x-icon">
  <link href="https://fonts.googleapis.com/css?family=Ubuntu" rel="stylesheet">
  <title>Vue.js Todo</title>
</head>
```

구글 폰트와 파비콘을 추가한 ⟨head⟩

검색 엔진에서 favicon generator를 검색하면 나오는 사이트에 접속한 후 사이트의 안내에 따라 assets 폴더 밑의 logo.png 파일을 파비콘 파일로 변환합니다. 구글 폰트 역시 google font ubuntu를 검색하여 위 ⟨link⟩를 복사해서 붙여 넣습니다.

06-3 컴포넌트 생성하고 등록하기

프로젝트 초기 구성을 완료하였으니 이제 애플리케이션 구동에 필요한 컴포넌트들을 생성하고 등록해 보겠습니다. 대상 컴포넌트는 TodoHeader, TodoInput, TodoList, TodoFooter 총 4개입니다.

컴포넌트 생성

프로젝트 폴더에서 src 폴더 밑에 components 폴더를 생성하고 그 아래에 TodoHeader.vue, TodoInput.vue, TodoList.vue, TodoFooter.vue를 생성합니다.

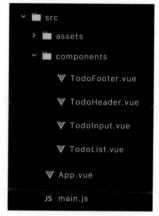

컴포넌트 같은 경우에는 관례상 src/components 폴더에서 관리를 합니다. 이렇게 컴포넌트를 한 곳에 모아 놓으면 폴더 구조도 깔끔하고 추후에 재활용할 때도 접근하기 쉽습니다.

> **참고** 아주 간단한 사실이지만 확장자 .vue에서 v를 대문자로 입력하면 컴포넌트 파일로 인식되지 않습니다. 반드시 소문자로 입력하세요.

컴포넌트 생성 후 프로젝트 폴더 구조

> **!** **알아두면 좋아요!** **애플리케이션 규모가 커질 경우에는 컴포넌트를 어떻게 관리해야 할까요?**
>
> 애플리케이션의 규모가 커서 기능별로 관리를 해야 할 경우에는 'components/기능/컴포넌트.vue'와 같은 형식으로 관리하는 게 좋습니다. 예를 들어, 로그인 페이지를 만들 때 로그인 페이지와 관련된 컴포넌트는 components/login/LoginForm.vue와 components/login/LoginSNS.vue와 같은 형식으로 관리하면 컴포넌트를 기능별로 더 쉽게 관리할 수 있습니다.
>
>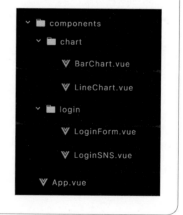

그럼 각 컴포넌트를 한눈에 구분할 수 있도록 아래와 같이 간단한 코드를 삽입합니다.

```
<template>                  <template>                  <template>                  <template>
  <div>header</div>           <div>input</div>            <div>list</div>             <div>footer</div>
</template>                 </template>                 </template>                 </template>


<script>                    <script>                    <script>                    <script>
export default {            export default {            export default {            export default {


}                           }                           }                           }
</script>                   </script>                   </script>                   </script>


<style>                     <style>                     <style>                     <style>
</style>                    </style>                    </style>                    </style>
```

TodoHeader.vue   TodoInput.vue   TodoList.vue   TodoFooter.vue

.vue 파일의 기본 구조에서 〈template〉 영역에 〈div〉 태그를 추가하고 컴포넌트 이름을 텍스트로 삽입하였습니다. 이렇게 하면 컴포넌트를 등록했을 때 다른 컴포넌트와의 구분이 쉬워집니다.

참고 vue 확장자를 가진 파일에서 template를 입력한 후 **Tab**을 누르면 자동으로 컴포넌트 코드 구조가 생성됩니다.

컴포넌트 등록

앞에서 생성한 4개의 컴포넌트를 등록하여 화면에 나타내 보겠습니다. 애플리케이션에서 사용할 컴포넌트는 모두 최상위 컴포넌트인 App.vue에 등록합니다. src/App.vue의 기존 코드 내용을 모두 지우고 오른쪽의 코드만 남깁니다.

```
<template>
  <div id="app"></div>
</template>

<script>
export default {

}
</script>

<style>
</style>
```

불필요한 코드를 제거한 App.vue 파일

03장에서 살펴본 지역 컴포넌트 등록 방법은 다음과 같습니다.

```
components: {
    '컴포넌트 이름': 컴포넌트 내용
}
```

지역 컴포넌트 등록 형식

이 지역 컴포넌트 등록 형식을 App.vue 파일에 적용하면 오른쪽과 같습니다.

하지만 이렇게 했을 때 과연 TodoHeader.vue, TodoInput.vue, TodoList.vue, TodoFooter.vue 내용을 올바르게 인식할 수 있을까요? 정답은 No입니다. 이유는 App.vue 파일에서 TodoHeader.vue를 비롯해 4개의 컴포넌트 파일 내용을 불러오는 코드를 추가하지 않았기 때문이죠.

```
<script>
export default {
  components: {
    'TodoHeader': TodoHeader,
    'TodoInput': TodoInput,
    'TodoList': TodoList,
    'TodoFooter': TodoFooter
  }
}
</script>
```

App.vue에 등록한 지역 컴포넌트

싱글 파일 컴포넌트 체계(.vue 파일 체계)에서는 특정 컴포넌트에서 다른 위치에 있는 컴포넌트의 내용을 불러올 때 아래 형식을 사용합니다.

```
import 불러온 파일의 내용이 담길 객체 from '불러올 파일 위치';
```

컴포넌트 내용을 불러오기 위한 ES6 import 구문

App.vue 파일에서 다른 컴포넌트의 내용을 import from 구문으로 다 받아와서 components 속성에 연결해 주기만 하면 됩니다. 다음과 같이 말이죠.

```
<script>
import TodoHeader from './components/TodoHeader.vue'
import TodoInput from './components/TodoInput.vue'
import TodoList from './components/TodoList.vue'
import TodoFooter from './components/TodoFooter.vue'
...
</script>
```

import 구문으로 컴포넌트 내용을 불러와서 등록하는 코드

바로 이전 코드는 앞에서 살펴본 지역 컴포넌트 등록 코드와 비슷한 개념이고 단지 문법의 차이만 있습니다. TodoHeader 컴포넌트 등록 부분에만 ES5 문법을 적용해 보면 아래와 같습니다.

```
<script>
// 컴포넌트 내용
var TodoHeader = {
    template: '<div>header</div>'
};

export default {
    components: {
        // 컴포넌트 이름: 컴포넌트 내용
        'TodoHeader': TodoHeader
    }
}
</script>
```

06장에서 살펴본 지역 컴포넌트 등록 형식(ES5)을 적용한 경우

위 코드와 ES6 코드의 차이점은 import 구문으로 컴포넌트의 내용을 불러와 담고 넘겨 주느냐, var로 선언한 객체에 컴포넌트의 내용을 담아 넘겨 주느냐의 차이입니다. 그림으로 보면 아래와 같습니다.

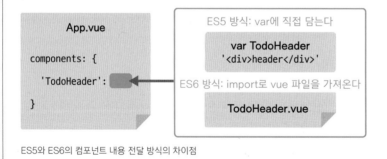

ES5와 ES6의 컴포넌트 내용 전달 방식의 차이점

컴포넌트 등록을 완료하였으니 마지막으로 컴포넌트 태그 4개를 App.vue의 `<div id="app">` 태그 안에 추가합니다.

```
<template>
  <div id="app">
    <TodoHeader></TodoHeader>
    <TodoInput></TodoInput>
    <TodoList></TodoList>
    <TodoFooter></TodoFooter>
  </div>
</template>
```

등록한 컴포넌트 4개를 HTML에 표시하는 코드

이렇게 추가한 후 파일을 저장합니다. 명령 프롬프트에서 npm run dev를 이용해 서버를 실행시키면 아래와 같은 화면이 나옵니다. 만약 이미 서버가 실행 중이라면 변경된 코드를 저장했을 때 자동으로 화면이 새로 고침됩니다.

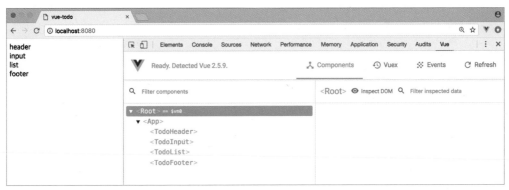

컴포넌트가 모두 등록된 결과 화면과 뷰 개발자 도구를 실행한 화면

크롬 개발자 도구를 열어 뷰 개발자 도구를 확인하면 App이라는 최상위 컴포넌트 아래에 TodoHeader, TodoInput, TodoList, TodoFooter가 각각 하위 컴포넌트로 생성된 것을 확인할 수 있습니다.

06-4 컴포넌트 내용 구현하기

컴포넌트를 생성하고 등록까지 완료하였으니 이제 컴포넌트 역할에 맞춰 컴포넌트 기능을 구현해 보겠습니다. 컴포넌트별로 구현할 기능은 아래와 같습니다.

> - TodoHeader : 애플리케이션 이름 표시
> - TodoInput : 할 일 입력 및 추가
> - TodoList : 할 일 목록 표시 및 특정 할 일 삭제
> - TodoFooter : 할 일 모두 삭제

그럼 각 컴포넌트별로 차례차례 구현해 보겠습니다.

애플리케이션 제목을 보여주는 TodoHeader 컴포넌트

먼저 간단히 TodoHeader 컴포넌트를 꾸며보겠습니다.

애플리케이션 제목 추가하기

어떤 애플리케이션인지 파악하기 쉽게 애플리케이션 제목 정도만 추가하겠습니다. 이 앞에 TodoHeader 컴포넌트를 등록하면서 간단하게 〈div〉 태그 정도만 작성했는데, 〈div〉 태그를 삭제하고 〈header〉와 〈h1〉 태그를 활용하여 오른쪽처럼 제목을 표시합니다.

```
<template>
  <header>
    <h1>TODO it!</h1>
  </header>
</template>
```

TodoHeader 컴포넌트의 〈template〉 내용

CSS로 제목 꾸미기

제목의 스타일링을 위해 최상위 컴포넌트인 App.vue와 TodoHeader.vue에 다음과 같이 CSS를 추가합니다.

```
<style>
  body {
    text-align: center;
    background-color: #F6F6F8;
  }
```

```
  input {
    border-style: groove;
    width: 200px;
  }
  button {
    border-style: groove;
  }
  .shadow {
    box-shadow: 5px 10px 10px rgba(0, 0, 0, 0.03)
  }
</style>
```

App.vue의 CSS 스타일

```
<style scoped>
  h1 {
    color: #2F3B52;
    font-weight: 900;
    margin: 2.5rem 0 1.5rem;
  }
</style>
```

TodoHeader.vue의 CSS 스타일

App.vue와 TodoHeader.vue에 추가한 스타일의 역할은 각각 다음과 같습니다.

컴포넌트	CSS 속성	설명
App.vue	background-color	애플리케이션 전체의 배경 색을 꾸미기 위해 지정
	text-align	애플리케이션 전체에서 사용하는 텍스트의 정렬 방식을 선택
	border-style	할 일을 입력하는 인풋 박스의 테두리 모양을 정의
	box-shadow	할 일을 입력하는 인풋 박스와 할 일 아이템의 아래 그림자 정의
TodoHeader.vue	color	애플리케이션 제목의 텍스트 색깔을 지정
	font-weight	애플리케이션 제목의 텍스트 굵기를 지정
	margin	애플리케이션 제목의 텍스트 여백을 지정

그리고 〈style〉 태그에 사용된 scoped는 뷰에서 지원하는 속성이며, 스타일 정의를 해당 컴포넌트에만 적용하겠다는 의미입니다.

앞 코드의 실행 결과는 아래와 같습니다.

TodoHeader 컴포넌트 등록 결과

할 일을 입력하는 TodoInput 컴포넌트

이번에는 TodoInput 컴포넌트를 구현해 보겠습니다.

인풋 박스와 버튼 추가하기

먼저 텍스트 값을 입력받기 위한 〈input〉 태그와 텍스트 값을 저장하기 위한 〈button〉 태그를 추가합니다. 〈button〉 태그의 이름은 '추가'로 지정합니다. 태그를 추가하면 화면에서 input 텍스트가 있던 자리에 인풋 박스와 버튼이 생깁니다. 인풋 박스에 텍스트를 입력했을 때 뷰 인스턴스에서 텍스트 값을 인식할 수 있게 v-model 디렉티브와 데이터 속성 newTodoItem을 다음과 같이 추가합니다.

```
<template>
  <div>
    <input type="text" v-model="newTodoItem">
    <button>추가</button>
  </div>
</template>

<script>
export default {
  data() {
    return {
      newTodoItem: ''
    }
  }
}
</script>
```
인풋 박스에 v-model 디렉티브와 data 속성을 추가한 TodoInput 컴포넌트 코드

위 코드를 저장하고 다시 애플리케이션을 실행한 후 뷰 개발자 도구를 엽니다. 뷰 개발자 도구에서 'Components' 탭의 ⟨App⟩ 아래 있는 ⟨TodoInput⟩ 부분을 클릭하면 newTodoItem의 값이 ' ' 로 되어 있습니다. 이제 인풋 박스에 Hello라는 텍스트를 입력하면서 newTodoItem의 값을 지켜보면 텍스트를 입력함에 따라 newTodoItem의 값도 같이 갱신되는 것을 확인할 수 있습니다.

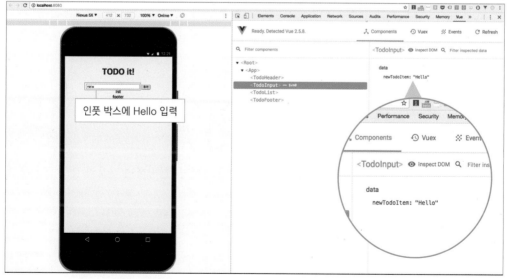

인풋 박스의 입력 값에 따라 갱신되는 newTodoItem 데이터

텍스트를 저장하기 위한 버튼 이벤트 추가하기

인풋 박스에 입력한 텍스트 값을 뷰에서 인식할 수 있게 되었습니다. 이제 입력한 텍스트 값을 데이터 저장소인 로컬 스토리지에 저장하기만 하면 됩니다. [추가] 버튼을 클릭했을 때 특정 동작을 수행할 수 있게 v-on:click에 버튼 이벤트 addTodo를 지정합니다. 그리고 버튼 이벤트 addTodo()의 로직은 methods에 정의합니다.

```
<template>
  <div>
    <input type="text" v-model="newTodoItem">
    <button v-on:click="addTodo">추가</button>
  </div>
</template>

<script>
export default {
  data() {
    return {
      newTodoItem: ''
    }
  },
  methods: {
    addTodo() {
      console.log(this.newTodoItem);
    }
  }
}
</script>
```

버튼 클릭 이벤트 addTodo를 추가한 코드

버튼이 정상적으로 동작하는지 확인하기 위해 인풋 박스에 입력된 텍스트 데이터(newTodoItem)를 `console.log()`로 출력해 보겠습니다. 인풋 박스에 Do it을 입력하고 [추가] 버튼을 클릭하면 다음과 같이 콘솔에 텍스트 값이 표시됩니다.

> 참고 ▶ 여기서 사용한 this.newTodoItem의 this는 해당 컴포넌트를 가리킵니다.

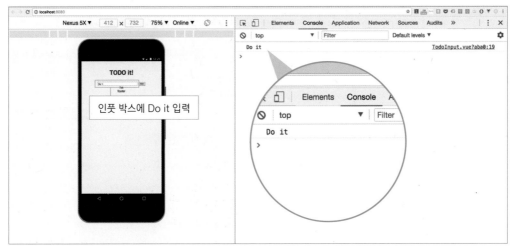

콘솔 로그로 입력된 텍스트를 출력한 화면

이와 같이 [추가] 버튼을 클릭했을 때 버튼 이벤트가 정상적으로 동작하는 것을 확인하였습니다.

입력받은 텍스트를 로컬 스토리지에 저장하기

버튼 이벤트가 제대로 동작하는 것을 확인했으니 확인용으로 작성한 `console.log(this.new`
`TodoItem);`은 삭제합니다. 그리고 입력받은 텍스트를 로컬 스토리지의 setItem() API를 이용하
여 저장합니다. setItem()는 로컬 스토리지에 데이터를 추가하는 API입니다. API 형식은 키, 값
형태이며 저장 기능을 최대한 단순하게 하기 위해 키, 값 모두 입력받은 텍스트로 지정합니다.

```
methods: {
  addTodo() {
    localStorage.setItem(this.newTodoItem, this.newTodoItem);
  }
}
```

localStorage.setItem() 코드

methods의 내용을 위와 같이 변경하고 저장합니다. 그러고 나서 인풋 박스에 Do it을 입력하고
[추가] 버튼을 클릭하면 로컬 스토리지에 텍스트 값이 저장됩니다. 로컬 스토리지에 저장된 것을
확인하려면 크롬 개발자 도구의 [Application → Local Storage → http://localhost:8080]를 클
릭해 확인합니다. 다음과 같이 텍스트 값이 올바르게 저장된 것을 확인할 수 있습니다.

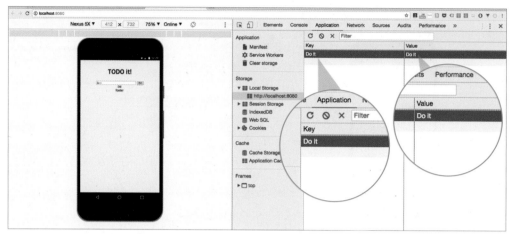

로컬 스토리지에 인풋 박스의 텍스트를 저장한 화면

이렇게 해서 TodoInput 컴포넌트의 입력된 할 일 저장 기능을 구현하였습니다.

addTodo() 안에 예외 처리 코드 넣기

다음 단계로 넘어가기 전에 인풋 박스에 입력된 텍스트가 없을 경우 로컬 스토리지에 데이터가 저장되지 않게 예외 처리 코드를 추가해 보겠습니다. 먼저 기존의 addTodo() 메서드를 아래와 같이 변경합니다.

```
methods: {
  addTodo() {
  ❶ if (this.newTodoItem !== "") {
    ❷ var value = this.newTodoItem && this.newTodoItem.trim();
       localStorage.setItem(value, value);
    ❸ this.clearInput();
     }
  },
  clearInput() {                     ❶ 인풋 박스의 입력 값이 있을 때만 저장
     this.newTodoItem = '';           ❷ 인풋 박스에 입력된 텍스트의 앞뒤 공백 문자열 제거
  }                                   ❸ 인풋 박스의 입력 값을 초기화
}
```

addTodo()와 clearInput() 코드

변경 전의 addTodo()는 로컬 스토리지로 데이터를 저장하는 코드만 있었습니다. 그래서 만약 인풋 박스에 텍스트를 입력하지 않은 상태에서 [추가] 버튼을 클릭하면 빈 데이터가 로컬 스토리지에 저장되는 문제가 생깁니다.

여기서 this.clearInput()을 보면 아래의 clearInput() 메서드를 호출하고 있다는 것을 금방 눈치챌 수 있습니다. addTodo() 메서드 안에서 **this**를 사용하면 해당 컴포넌트(여기서는 App)를 가리킵니다. clearInput() 메서드는 App 컴포넌트에 정의되어 있으므로 addTodo() 에서 **this**를 사용하면 clearInput() 메서드에 접근할 수 있습니다. data 속성에 정의한 newTodoItem을 addTodo()에서 **this.newTodoItem**으로 접근한 것과 같은 원리입니다.

> **알아두면 좋아요! 디자인 패턴: 단일 책임 원칙**
>
> 단일 책임 원칙(Single Responsibility Principle)이란 함수 하나가 하나의 기능만 담당하도록 설계하는 객체 지향 프로그래밍의 디자인 패턴입니다. clearInput()의 this.newTodoItem = ''; 코드를 그냥 addTodo() 메서드에 넣어도 되지만 단일 책임 원칙에 따라 할 일 텍스트를 저장하는 코드는 addTodo()에 넣고, 인풋 박스의 내용을 비우는 코드는 clearInput()에 넣었습니다. 만약 다른 메서드에서 인풋 박스의 내용을 비우는 코드가 필요할 경우 this.newTodoItem = ''; 코드 대신에 this.clearInput();을 호출하면 됩니다.
> 더 자세한 내용은 https://en.wikipedia.org/wiki/Single_responsibility_principle을 참고하세요.

아이콘 이용해 직관적인 버튼 모양 만들기

인풋 박스와 버튼을 다루기 편하게 약간의 CSS 스타일링을 하겠습니다. 현재 버튼은 〈button〉 태그와 '추가'라는 텍스트를 사용하고 있습니다. 앞에서 설치한 어썸 아이콘의 ➕ 아이콘을 이용하면 더 직관적인 버튼 모양을 만들 수 있습니다.

〈template〉 태그에 기존 〈button〉 태그를 삭제하고 〈span〉, 〈i〉 태그를 아래와 같이 추가합니다.

```
<template>
  <div class="inputBox shadow">
    <input type="text" v-model="newTodoItem" placeholder="Type what you have to do"
 v-on:keyup.enter="addTodo">
    <span class="addContainer" v-on:click="addTodo">
      <i class="addBtn fas fa-plus" aria-hidden="true"></i>
    </span>
  </div>
</template>
```

TodoInput 컴포넌트의 template 코드

〈template〉 변경 내용은 다음과 같습니다.

❶ placeholder : 인풋 박스의 힌트 속성
❷ v-on:keyup.enter : 인풋 박스에서 [Enter]를 눌렀을 때 동작하는 속성
❸ 〈span〉 : 〈button〉 대신 클릭 이벤트를 받을 태그
❹ 〈i class="fa fa-plus"〉 : 어썸 아이콘의 ➕ 아이콘을 추가

TodoInput 컴포넌트의 CSS 코드를 다음처럼 수정합니다.

```
<style scoped>
  input:focus {
    outline: none;
  }
  .inputBox {
    background: white;
    height: 50px;
    line-height: 50px;
    border-radius: 5px;
  }
  .inputBox input {
    border-style: none;
    font-size: 0.9rem;
  }
  .addContainer {
    float: right;
    background: linear-gradient(to right, #6478FB, #8763FB);
    display: block;
    width: 3rem;
    border-radius: 0 5px 5px 0;
  }
  .addBtn {
    color: white;
    vertical-align: middle;
  }
</style>
```

TodoInput 컴포넌트의 CSS 코드

⟨style⟩ 변경 내용은 다음과 같습니다.

CSS 속성	설명
outline	할 일을 입력하는 인풋 박스의 선 스타일 지정
background	인풋 박스의 배경색 지정
height	인풋 박스의 높이 설정
line-height	인풋 박스에 입력되는 텍스트의 중앙 정렬을 위해 설정
border-radius	인풋 박스의 둥근 테두리 속성 설정
float	할 일 추가 버튼이 표시될 위치 정의
vertical-align	할 일 추가 아이콘의 수직 정렬 정의

지금까지 수정한 코드의 실행 결과는 다음과 같습니다.

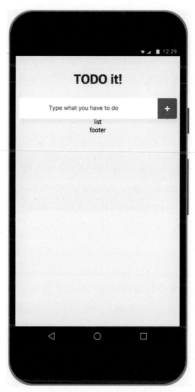

TodoInput 컴포넌트의 CSS 스타일링이 완료된 화면

저장된 할 일 목록을 표시하는 TodoList 컴포넌트

TodoList 컴포넌트는 앞에서 저장한 할 일 목록을 보여주는 컴포넌트 입니다. 현재 로컬 스토리지에 저장된 할 일이 몇 개든 모두 불러와 화면에 보여줍니다.

할 일 목록 만들기

먼저 HTML에서 일반적으로 목록 아이템(list item)을 나타낼 때 사용하는 기본 태그는 〈ul〉입니다. 〈ul〉 태그 안에 〈li〉 태그를 추가하면 추가한 숫자만큼 목록에 아이템이 추가됩니다. 그러면 목록 아이템이 배치될 영역을 확인하기 위해 〈ul〉 태그와 〈li〉 태그 3개를 추가해 보겠습니다.

```
<template>
  <section>
    <ul>
      <li>할일 1</li>
      <li>할일 2</li>
      <li>할일 3</li>
    </ul>
  </section>
</template>
```

목록을 나타내는 〈ul〉 코드

〈ul〉 태그와 〈li〉 태그로만 나타낸 할 일 목록

앞의 화면은 〈li〉 태그에 텍스트 값을 직접 다 일일이 추가하여 출력한 화면입니다. 하지만 이렇게 저장된 데이터의 개수만큼 일일이 〈li〉 태그를 추가하는 방법은 비효율적일 뿐만 아니라 실제로는 사용하지도 않는 방법입니다.

이제 직접 텍스트를 입력하는 대신 로컬 스토리지의 데이터(아이템) 개수만큼 목록에 추가하여 표시해 보겠습니다. 목록을 표시하기 위해서는 아래의 2단계를 거쳐야 합니다.

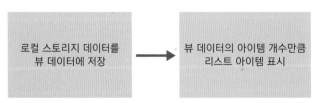

화면에 할 일 목록을 표시하기 위한 절차

로컬 스토리지 데이터를 뷰 데이터에 저장하기

먼저 첫 번째 단계는 오른쪽 코드처럼 구현합니다.

로컬 스토리지의 데이터를 담을 todoItems 데이터 속성을 빈 배열로 선언합니다. 그리고 03장 인스턴스 라이프 사이클에서 살펴본 created() 라이프 사이클 훅에 for 반복문과 push()로 로컬 스토리지의 모든 데이터를 todoItems에 담는 로직을 추가합니다. todoItems를 객체가 아닌 배열로 선언한 이유는 바로 다음에 나올 v-for 목록 렌더링에 활용하기 위해서입니다.

참고 로컬 스토리지에 저장된 모든 아이템을 한 번에 불러오는 API는 없기 때문에 반복문으로 아이템을 모두 불러와야 합니다.

참고 push()는 배열의 끝 요소에 배열 아이템을 하나씩 추가하는 자바스크립트 내장 API입니다.

```
...
export default {
  data() {
    return {
      todoItems: []
    }
  },
  created() {
    if (localStorage.length > 0) {
      for (var i = 0; i < localStorage.
length; i++) {
        this.todoItems.push(local
Storage.key(i));
      }
    }
  },
...
```

로컬 스토리지 데이터를 뷰 데이터에 저장하는 코드

그리고 뷰의 인스턴스가 생성되자마자 뷰 데이터에 접근할 수 있도록 created() 라이프 사이클 훅에서 로컬 스토리지의 데이터를 뷰 데이터로 옮깁니다.

참고 이 내용을 beforeMount(), mounted() 등의 라이프 사이클 단계에서 진행해도 현재 상태에서는 결과가 동일합니다. 하지만 mounted() 단계에서 진행할 경우에는 06-5에서 코드 구조를 개선하고 나면 화면 렌더링에 문제가 생깁니다.

뷰 데이터의 아이템 개수만큼 화면에 표시하기

두 번째 단계는 아래와 같이 v-for 디렉티브로 구현합니다.

```
<template>
  <section>
    <ul>
      <li v-for="todoItem in todoItems">{{ todoItem }}</li>
    </ul>
  </section>
</template>
```

v-for 디렉티브를 이용한 할 일 목록 렌더링

여기서 v-for 디렉티브는 뷰 데이터 속성 todoItems의 내용물 개수만큼 반복해서 〈li〉 태그를 출력하는 디렉티브입니다. todoItems의 타입은 배열이기 때문에 배열의 요소 숫자만큼 반복해서 아래와 같이 출력합니다.

로컬 스토리지에 저장된 아이템을 모두 목록에 출력한 화면

여기서 할 일을 추가하다 보면 문제점이 발견됩니다. 할 일을 추가해도 화면이 바로 갱신되지 않는 문제입니다. 할 일을 추가하고 나서 추가된 할 일을 확인하려면 브라우저를 새로 고침해야 합니다. 사용자 입장에서는 상당히 불편한 UX(User Experience)입니다. 해당 문제점을 해결하는 방법은 다음 절에서 자세히 살펴보겠습니다.

이렇게 할 일을 추가하여 목록에 출력하는 것까지 구현해 보았습니다. CRUD(Create, Read, Update, Delete) 중에 Create(생성)와 Read(조회)를 한 셈이죠. 이제 목록에서 특정 할 일을 삭제하는 기능을 구현해 보겠습니다.

TodoList.vue에 할 일 삭제 기능 추가하기
할 일을 삭제하는 기능의 동작을 세부적으로 나누면 아래와 같습니다.

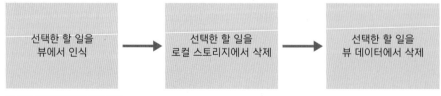

할 일을 삭제하기 위한 세부 동작

할 일 목록 & 삭제 버튼 마크업 작업하기

삭제 기능을 구현하기 전에 먼저 간단한 마크업(HTML, CSS) 작업을 수행해 보겠습니다.

```
<template>
  <section>
    <ul>
      <li v-for="todoItem in todoItems" class="shadow">
        <i class="checkBtn fas fa-check" aria-hidden="true"></i>
        {{ todoItem }}
        <span class="removeBtn" type="button" @click="removeTodo(todoItem, index)">
          <i class="far fa-trash-alt" aria-hidden="true"></i>
        </span>
      </li>
    </ul>
  </section>
</template>
```

TodoList 컴포넌트의 template 코드

앞에서 다뤘던 내용과 동일하게 ⟨i⟩ 태그로 할 일 체크 버튼과 삭제 버튼에 사용할 체크 아이콘 ✔
과 휴지통 아이콘 🗑 을 추가합니다. 각 아이콘의 영역이 | **참고** 이벤트를 '잘 잡는다'는 표현은 웹 개발
좁기 때문에 아이콘을 클릭했을 때 이벤트를 잘 잡을 수 있   에서 자주 사용됩니다. 여기서는 클릭을 잘 할
게 ⟨i⟩ 태그에 상위 태그 ⟨span⟩을 두어 클릭할 수 있는 영   수 있도록 영역을 키운다는 의미로 이해하면
역을 키웁니다.   됩니다.

그리고 ⟨style⟩ 태그의 내용도 다음과 같이 작성합니다.

```
<style scoped>
  ul {
    list-style-type: none;     목록 아이템의 스타일을 지정
    padding-left: 0px;
    margin-top: 0;
    text-align: left;
  }

  li {
    display: flex;      비율 기준의 레이아웃 방식인 flex로 지정
    min-height: 50px;
```

```
    height: 50px;
    line-height: 50px;
    margin: 0.5rem 0;
    padding: 0 0.9rem;
    background: white;
    border-radius: 5px;
}

.checkBtn {
    line-height: 45px;
    color: #62acde;
    margin-right: 5px;
}

.removeBtn {
    margin-left: auto;
    color: #de4343;
  }
</style>
```

TodoList 컴포넌트의 CSS 코드

TodoList 컴포넌트의 CSS 스타일링을 완료한 화면

할 일 삭제 버튼에 클릭 이벤트 추가하기

이제 🗑 아이콘을 클릭했을 때 삭제하는 기능이 실행되도록 클릭 이벤트를 추가해 보겠습니다. 🗑 아이콘의 근처 영역을 클릭해도 클릭 이벤트가 실행될 수 있게 〈span〉 태그에 클릭 이벤트를 추가합니다. @click은 v-on:click과 동일하게 동작합니다.

```
<span class="removeBtn" type="button" @click="removeTodo">
```

클릭 이벤트 removeTodo를 추가한 코드

클릭 이벤트에는 이벤트가 잘 실행되는지 확인하는 console.log()를 추가합니다.

```
methods: {
  removeTodo() {
    console.log('clicked');
  }
}
```

메서드에 정의한 removeTodo 코드

코드를 저장하고, 🗑 아이콘을 클릭하면 아래와 같은 화면이 나옵니다.

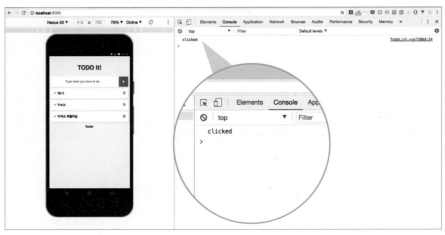

🗑 버튼을 클릭해 실행한 화면

선택한 할 일을 뷰에서 인식하도록 만들기

🗑 아이콘을 클릭했을 때 선택한 할 일의 텍스트 값과 인덱스를 가져오는 코드를 추가해 보겠습니다. 여기서 할 일 목록의 인덱스는 뷰에서 내부적으로 관리하고 있습니다. template 코드와 removeTodo() 코드를 수정하여 텍스트 값과 인덱스(목록에서 순서, 배열 인덱스와 동일)를 반환합니다.

```
<template>
  <li v-for="(todoItem, index) in todoItems" :key="todoItem" class="shadow">
    <i class="checkBtn fas fa-check" aria-hidden="true"></i>
    {{ todoItem }}
    <span class="removeBtn" type="button" @click="removeTodo(todoItem, index)">
      <i class="far fa-trash-alt" aria-hidden="true"></i>
    </span>
  </li>
</template>
```

선택한 할 일 아이템을 인식하기 위한 template 코드

```
methods: {
  removeTodo(todoItem, index) {
    console.log(todoItem, index);
  }
}
```

선택한 할 일을 인식하는 removeTodo 코드

이전 코드와 비교했을 때 v-for 디렉티브에 index가 추가되었습니다. index는 임의로 정의한 변수가 아니라 v-for 디렉티브에서 기본적으로 제공하는 변수입니다. v-for 디렉티브로 반복한 요소는 모두 뷰에서 내부적으로 인덱스를 부여합니다. 이제 변경된 코드를 저장하고 특정 할 일의 🗑️아이콘을 클릭하면 할 일의 텍스트 값과 인덱스 값이 콘솔에 표시됩니다.

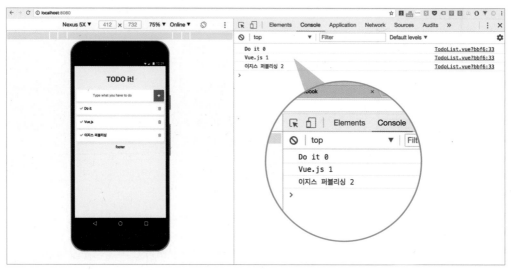

각각의 할 일을 클릭했을 때의 결과 화면

선택한 할 일을 뷰에서 제대로 인식하는 것을 확인하였습니다. 그럼 이제는 removeTodo()의 todoItem과 index를 이용하여 로컬 스토리지와 뷰 데이터 배열에서 할 일을 삭제하는 로직을 추가할 차례입니다. removeTodo() 메서드의 코드를 변경해 보겠습니다.

선택한 할 일을 로컬 스토리지와 뷰 데이터에서 삭제하기

```
methods: {
  removeTodo(todoItem, index) {
    localStorage.removeItem(todoItem);
    this.todoItems.splice(index, 1);
  }
}
```

참고 splice()는 자바스크립트에 기본적으로 내장되어 있는 API입니다. 배열의 특정 인덱스에서 부여한 숫자만큼의 인덱스를 삭제합니다. 일반적으로 자바스크립트 배열 프로그래밍에서 삭제할 때 자주 사용하는 API이니 꼭 알아두세요.

로컬 스토리지와 뷰 데이터에서 할 일을 삭제하는 코드

위 코드는 로컬 스토리지의 데이터를 삭제하는 removeItem() API와 배열의 특정 인덱스를 삭제하는 splice() API로 할 일을 삭제하는 코드입니다.

removeItem() API는 todoItem 인자를 사용하여 로컬 스토리지에서 할 일 텍스트를 삭제합니다. splice() API는 인자로 받은 index를 이용하여 배열의 해당 인덱스에서 1만큼 삭제합니다. 변경한 코드를 저장하고, 할 일 목록에서 특정 할 일의 🗑 아이콘을 클릭하면 목록에서 사라짐과 동시에 로컬 스토리지에 있던 데이터도 삭제됩니다.

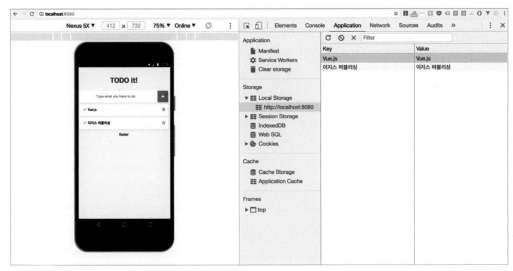

첫 번째 아이템 Do it을 삭제한 화면

여기서 주목할 부분은 뷰 데이터 속성인 todoItems의 배열 요소를 제거하자마자 바로 뷰에서 자동으로 화면을 다시 갱신한다는 점입니다. 이는 데이터의 속성이 변하면 화면에 즉시 반영하는 뷰의 반응성 때문입니다.

모두 삭제하기 버튼을 포함하는 TodoFooter 컴포넌트

마지막으로 TodoFooter 컴포넌트를 구현해 보겠습니다. 이 컴포넌트에는 등록된 모든 할 일을 삭제하는 버튼만 들어가면 됩니다. 물론 '삭제 버튼 하나를 위해 굳이 컴포넌트를 분리해야 하는가?'라는 의문이 생길 수도 있을 것입니다. 하지만 여러 개의 컴포넌트 간에 통신하는 방법을 여러분이 직접 구현해 볼 수 있도록 추가로 분리하였습니다. 또한 애플리케이션의 아래 영역(Footer)에 기타 기능이 추가될 경우에 대비해서 컴포넌트를 분리한 경우라고 생각하면 됩니다.

모두 삭제하기 버튼 추가하기

이번에는 [Clear All] 버튼을 추가하기 위해 다음과 같이 코딩합니다.

```
<template>
  <div class="clearAllContainer">
    <span class="clearAllBtn" @click="clearTodo">Clear All</span>
  </div>
</template>

<script>
export default {
  methods: {
    clearTodo() {
      localStorage.clear();
    }
  }
}
</script>

<style scoped>
  .clearAllContainer {
    width: 8.5rem;
    height: 50px;
    line-height: 50px;
    background-color: white;
    border-radius: 5px;
    margin: 0 auto;
  }

  .clearAllBtn {
    color: #e20303;
    display: black;
  }
</style>
```

TodoFooter 컴포넌트 코드

⟨template⟩ 태그에 버튼 역할을 하는 태그 ⟨span⟩을 정의하고, clearTodo 클릭 이벤트를 추가합니다. 버튼의 이름은 'Clear All'이며, 클릭했을 때 메서드에 정의한 clearTodo() 로직이 실행됩니다. clearTodo() 메서드에는 로컬 스토리지의 데이터를 모두 삭제하는 localStorage.clear()를 정의합니다. CSS 코드에는 ⟨span⟩ 태그가 버튼 모양을 가질 수 있도록 간단한 속성을 추가하였습니다.

앞 코드를 추가하고 다시 애플리케이션을 확인하면 다음과 같은 결과 화면이 나옵니다.

TodoFooter가 구현된 화면

여기서 [Clear All] 버튼을 클릭하면 아래와 같이 로컬 스토리지의 데이터는 삭제되지만 화면이
자동으로 갱신되지 않습니다.

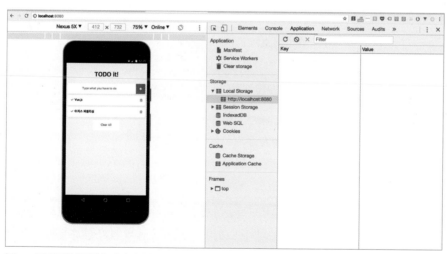

[Clear All] 버튼을 클릭했을 때의 결과 화면

따라서 다시 브라우저를 새로 고침해야만 할 일 목록이 로컬 스토리지에 저장되어 있는 데이터를
반영하여 표시합니다. 당연한 얘기지만 이 문제는 로컬 스토리지의 데이터만 지우고, 할 일 목록
에 표시되는 할 일 데이터를 제거하지 않았기 때문에 나타나는 현상입니다. 그런데 현재 할 일 목
록 데이터는 TodoFooter 컴포넌트가 아닌 TodoList 컴포넌트에 있습니다. 그럼 어떻게
TodoList 컴포넌트의 데이터에 접근할 수 있을까요? 바로 다음 절에서 알아보겠습니다.

06-5 기존 애플리케이션 구조의 문제점 해결하기

현재 애플리케이션 구조의 문제점

지금까지 구현한 애플리케이션의 문제점은 다음 2가지입니다.

-할 일을 입력했을 때 할 일 목록에 바로 반영되지 않는 점
-할 일을 모두 삭제했을 때 할 일 목록에 바로 반영되지 않는 점

종합해 보면 현재 화면을 4개의 영역(컴포넌트)으로 분리해 놓았기 때문에 한 영역의 처리 결과를 다른 영역에서 감지하지 못한다는 문제가 있습니다. 이를 그림으로 표현하면 다음과 같습니다.

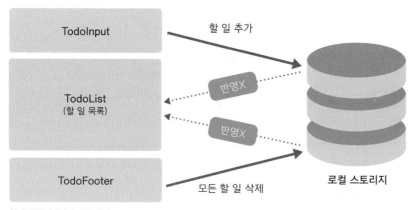

현재 애플리케이션의 문제점

이 문제점을 해결하는 가장 간단한 방법은 컴포넌트를 4개로 분리하지 않고 한 컴포넌트 안에서 데이터 저장, 조회, 삭제를 모두 처리하는 것입니다. 그러면 컴포넌트 간에 처리 결과를 알려줄 필요도 없고 깔끔하게 뷰의 반응성이 적용되어 할 일 목록이 데이터의 입출력에 따라 항상 최신 상태를 유지하겠죠.

하지만 과연 이게 옳은 해결책일까요? 곰곰이 생각해 보면 컴포넌트 기반의 웹 앱이 커지면 커질수록 컴포넌트의 개수도 많아지는 것은 불가피합니다. 따라서 컴포넌트 구조화와 통신 방법을 익히지 않으면 이렇게 간단한 화면은 물론이고 컴포넌트가 복잡해졌을 때는 구현하기가 더 어렵겠죠. 단순히 '컴포넌트의 단위가 작을수록 재활용성이 높아진다'라는 컴포넌트의 활용 측면 보다는 지금처럼 간단한 애플리케이션일 때 컴포넌트 통신을 할 수 있어야 향후에 스스로 애플리케이션을 설계하고 구현할 수 있습니다.

문제 해결을 위한 애플리케이션 구조 개선
데이터 추가와 삭제가 일어날 때 현재 애플리케이션의 구조는 아래와 같습니다.

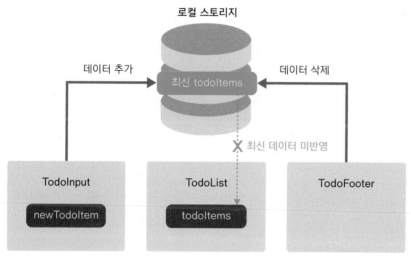

기존 애플리케이션의 구조

현재 애플리케이션은 각각의 컴포넌트에서만 사용할 수 있는 뷰 데이터 속성(newTodoItem, todoItems)을 갖고 있습니다. 그런데 생각해 보면 로컬 스토리지의 todoItems, TodoInput의 newTodoItem, TodoList의 todoItems는 모두 '할 일'이라는 같은 성격의 데이터를 사용하고 있습니다. 만약 모든 컴포넌트가 '같은 데이터 속성(할 일)'을 조작한다면 화면을 매번 새로 고침해야 하는 문제점은 해결할 수 있을 것입니다.

같은 데이터 속성을 사용하기 위해 최상위(루트) 컴포넌트인 App 컴포넌트에 todoItems라는 데이터를 정의하고, 하위 컴포넌트 TodoList에 props로 전달합니다. 그 구조는 다음 그림과 같습니다.

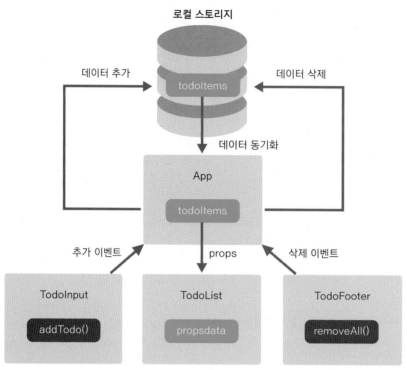

변경된 애플리케이션의 구조

위 그림에서 기존 구조와 크게 달라진 부분은 무엇일까요? 이전에는 할 일 데이터 추가, 삭제를 모두 하위 컴포넌트 TodoInput, TodoList에서 했었죠. 이제는 뷰 데이터 속성 todoItems와 로컬 스토리지의 데이터 조회, 추가, 삭제를 모두 App 컴포넌트에서 합니다. 그리고 하위 컴포넌트들은 그 데이터를 표현하거나 데이터 조작에 대한 요청(이벤트 발생)만 하는 것이죠.

참고 이러한 중앙 집중 관리 방식은 상태 관리 라이브러리인 뷰엑스와 비슷한 구조입니다. 뷰엑스에 대한 내용은 07장을 참고하세요.

props와 이벤트 전달을 이용해 할 일 입력 기능 개선하기

그림 앞에서 변경한 구조를 코드에 적용해 보겠습니다. 먼저 최상위 컴포넌트인 App 컴포넌트(App.vue)에 데이터 속성 todoItems를 선언합니다. 그리고 뒤에서 사용할 addTodo() 메서드를 추가합니다.

참고 props 속성과 이벤트 전달이 무엇인지 기억나지 않는다면 03-3 뷰 컴포넌트 통신을 다시 한 번 참고하세요.

```
export default {
  data() {
    return {
      todoItems: []          ┤ 데이터 속성 todoItems 선언
    }
  },
  methods: {
    addTodo() {
      // 로컬 스토리지에 데이터를 추가하는 로직
    }
  },
  components: {
    'TodoHeader': TodoHeader,
    'TodoInput': TodoInput,
    'TodoList': TodoList,
    'TodoFooter': TodoFooter
  }
}
```

App.vue 파일에 todoItems 데이터 속성과 addTodo() 메서드를 추가한 코드

그리고 선언한 todoItems 속성을 TodoList 컴포넌트에 props로 전달합니다. TodoInput 컴포넌트 태그에는 할 일 추가 버튼을 클릭했을 때 App 컴포넌트로 이벤트를 전달할 수 있게 v-on 디렉티브를 추가합니다.

```
<template>
  <div id="app">
    <TodoHeader></TodoHeader>
    <TodoInput v-on:addTodo="addTodo"></TodoInput>
    <TodoList v-bind:propsdata="todoItems"></TodoList>
    <TodoFooter></TodoFooter>
  </div>
</template>
```

App.vue 파일의 컴포넌트 태그에 props와 이벤트 전달을 위한 v-on 디렉티브 속성 추가

```
export default {
  props: ['propsdata'],
```

TodoList.vue 파일에 추가한 props 속성

App.vue 파일에 todoItems 데이터 속성을 선언하고, TodoList 컴포넌트의 propsdata 속성에 props로 전달하였습니다. 이를 그림으로 나타내면 오른쪽과 같습니다.

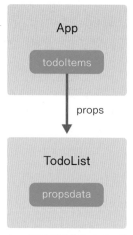

App 컴포넌트에서 TodoList 컴포넌트로 props를 전달

그리고 TodoInput 컴포넌트 태그에서 버튼을 클릭했을 때 발생하는 이벤트 이름을 addTodo로 정합니다. 해당 이벤트를 받아서 실행할 App 컴포넌트의 메서드도 addTodo()로 합니다.

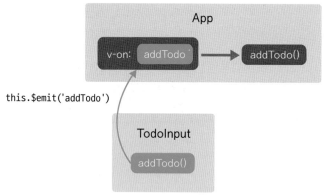

TodoInput 컴포넌트에서 App 컴포넌트로 이벤트를 전달하는 과정

TodoInput 컴포넌트와 TodoList 컴포넌트 수정하기

props와 이벤트 전달을 적용하기 위해 상위 컴포넌트의 코드를 바꿨으니 이제는 하위 컴포넌트 TodoInput과 TodoList를 수정하겠습니다.

먼저 첫 번째로, TodoInput 컴포넌트의 addTodo() 메서드에 `this.$emit('addTodo', value);`를 추가하였습니다. 이벤트를 전달할 때 할 일 텍스트 값인 `value` 객체를 인자 값으로 전달합니다. 그리고 로컬 스토리지에 데이터를 저장하는 기존 코드 `localStorage.setItem(value, value);`를 삭제합니다.

```
addTodo() {
  if (this.newTodoItem !== "") {
    var value = this.newTodoItem && this.newTodoItem.trim();
    this.$emit('addTodo', value);
    this.clearInput();
  }
},
```

TodoInput.vue 파일의 addTodo() 메서드를 수정한 코드

이제 App 컴포넌트의 addTodo() 메서드에 오른쪽과 같이 추가합니다. 이렇게 변경하고 나서 ➕ 버튼을 클릭하면 TodoInput 컴포넌트에서 App 컴포넌트로 신호(이벤트)를 보내 App 컴포넌트의 addTodo() 메서드를 실행합니다.

```
addTodo(todoItem) {
  localStorage.setItem(todoItem, todoItem);
  this.todoItems.push(todoItem);
},
```

App.vue 파일의 addTodo() 메서드

addTodo() 메서드의 인자 값 todoItem은 TodoInput 컴포넌트에서 올려 보낸 할 일 텍스트 값입니다. 이 값을 로컬 스토리지에 저장하고, App 컴포넌트의 todoItems 데이터 속성에도 추가합니다.

두 번째로, TodoList 컴포넌트의 〈template〉 내용을 아래와 같이 수정합니다.

```
<li v-for="(todoItem, index) in propsdata" class="shadow">
  <i class="checkBtn fas fa-check" aria-hidden="true"></i>
  {{ todoItem }}
  <span class="removeBtn" type="button" @click="removeTodo(todoItem, index)">
    <i class="far fa-trash-alt" aria-hidden="true"></i>
  </span>
</li>
```

TodoList.vue 파일의 v-for 디렉티브 대상 객체를 수정한 코드

〈li〉 태그에서 v-for 디렉티브의 반복 대상을 propsdata로 변경하였습니다. 기존에는 TodoList의 데이터 속성인 todoItems였지만, 이제는 App 컴포넌트의 todoItems 데이터의 개수만큼 목록 아이템을 생성합니다. 위 코드를 저장하고 화면에서 할 일을 추가하면 새로 고침을 하지 않고도 목록이 갱신되는 것을 확인할 수 있습니다.

TodoList에서 불필요한 코드 제거하기

다음으로 넘어가기 전에 TodoList.vue의 코드를 정리하겠습니다.

```
<script>
export default {
  props: ['propsdata'],
  data() {
    return {
      todoItems: []
    }
  },
  created() {
    if (localStorage.length > 0) {
      for (var i = 0; i < localStorage.length; i++) {
        this.todoItems.push(localStorage.key(i));
      }
    }
  },
  methods: {
    removeTodo(todoItem, index) {
      localStorage.removeItem(todoItem);
      this.todoItems.splice(index, 1);
    }
  }
}
</script>
```

제거

App.vue로 이동

TodoList.vue 파일의 <script> 코드

TodoList 컴포넌트에서 사용하던 데이터 속성 todoItems는 이제 불필요하므로 제거합니다. 그리고 컴포넌트가 생성될 때 로컬 스토리지에 저장된 데이터를 모두 불러와 배열에 담아 주던 created() 로직도 App 컴포넌트로 옮깁니다. 왜냐하면 이제 할 일 데이터(todoItems)는 모두 App.vue 파일에서 관리하기 때문이죠.

```
export default {
  data() {
    return {
      todoItems: []
    }
  },
  created() {
    if (localStorage.length > 0) {
      ...
    }
  },
  ...
```

App.vue 파일로 옮긴 created() 로직

이벤트 전달을 이용해 Clear All 버튼 기능 개선하기

이렇게 해서 할 일을 추가했을 때 목록이 갱신되지 않던 문제는 해결하였습니다. 이번에는 [Clear All] 버튼을 눌렀을 때 자동으로 화면이 갱신될 수 있도록 코드를 변경해 보겠습니다. 앞에서 배운 이벤트 버스 방식과 이벤트 전달 방식 중 이벤트 전달 방식을 사용합니다.

컴포넌트 간 이벤트 전달은 '하위 컴포넌트에서 발생시킨 이벤트를 상위 컴포넌트에서 받아 상위 컴포넌트의 메서드를 동작시키는 것'이라고 설명했습니다. 그러면 우리가 만든 애플리케이션에서는 하위 컴포넌트인 TodoFooter에서 발생시킬 이벤트 이름을 removeAll로 하고, 상위 컴포넌트인 App에서 받아 실행시킬 메서드 이름을 clearAll()로 정하겠습니다.

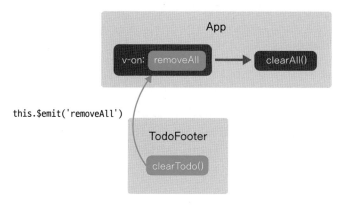

TodoFooter에서 App으로 전달한 이벤트를 처리하는 과정

상위 컴포넌트 코드 수정하기

먼저 상위 컴포넌트인 App.vue 파일에 아래의 내용을 추가합니다.

```
<TodoFooter v-on:removeAll="clearAll"></TodoFooter>
```

App.vue의 <TodoFooter>에 추가한 이벤트 전달 속성

```
methods: {
  clearAll() {
    localStorage.clear();
    this.todoItems = [];
  },
}
```

App.vue 파일의 methods에 추가한 clearAll() 메서드

App 컴포넌트의 clearAll() 메서드는 TodoFooter 컴포넌트의 [Clear All] 버튼을 클릭했을 때 로컬 스토리지의 데이터를 모두 삭제하고 todoItems의 데이터를 비웁니다. TodoFooter 컴포넌트의 clearTodo() 메서드에 구현했던 뷰 데이터 속성 todoItems 배열을 비우는 로직과 동일합니다.

하위 컴포넌트 코드 수정하기

하위 컴포넌트(TodoFooter.vue)에 있는 [Clear All] 버튼의 클릭 이벤트 메서드 clearTodo()를 아래와 같이 수정합니다.

```
clearTodo() {
  this.$emit('removeAll');
}
```

TodoFooter 컴포넌트의 clearTodo() 로직 수정

[Clear All] 버튼을 클릭하면 removeAll 이벤트를 발생시켜 상위 컴포넌트(App.vue)로 전달합니다. 그러면 상위 컴포넌트에서 removeAll을 받아 상위 컴포넌트에 정의된 clearAll() 메서드를 실행합니다. 여기까지 코드를 저장하고 화면의 [Clear All] 버튼을 클릭하여 모든 할 일이 정상적으로 삭제되는지 확인합니다.

모든 할 일 삭제 전

모든 할 일 삭제 후

이벤트 전달을 이용해 할 일 삭제 기능 개선하기

TodoList 컴포넌트의 각 할 일 아이템을 삭제하는 로직에도 이벤트 전달 방식을 적용합니다. App.vue 파일과 TodoList.vue 파일의 코드를 다음과 같은 순서로 변경합니다.

```
<TodoList v-bind:propsdata="todoItems" @removeTodo="removeTodo"></TodoList>
```

App.vue의 TodoList 컴포넌트 태그

```
removeTodo(todoItem, index) {
  this.$emit('removeTodo', todoItem, index);
}
```

TodoList.vue의 removeTodo() 메서드

```
removeTodo(todoItem, index) {
  localStorage.removeItem(todoItem);
  this.todoItems.splice(index, 1);
}
```

App.vue의 removeTodo() 메서드

〈TodoList〉의 @removeTodo는 앞에서 다뤘던 이벤트 전달 디렉티브인 v-on:removeTodo의 약식 문법입니다. 할 일 목록에서 🗑 아이콘을 클릭하면 TodoList 컴포넌트의 removeTodo() 메서드에서 removeTodo라는 이벤트를 발생시켜 App 컴포넌트로 전달합니다. 이벤트를 전달할 때 선택한 할 일의 텍스트(todoItem)와 인덱스(index)를 같이 보냅니다. 이런 방식으로 이벤트를 전달할 때 인자를 함께 전달할 수 있습니다. 코드를 저장하고 화면에서 할 일을 삭제했을 때 정상적으로 동작하는지 확인합니다.

> **! 알아두면 좋아요! $emit() API 형식과 전달 인자의 규칙**
>
> 앞에서 하위 컴포넌트에서 이벤트를 발생시켜 상위 컴포넌트로 신호를 보낼 때 $emit()을 사용한다고 설명했습니다. API의 기본 형식은 $emit('이벤트 이름')이지만 $emit('이벤트 이름', 인자1, 인자2, …)와 같은 형식으로 하위 컴포넌트의 특정 데이터를 전달할 수 있습니다. 다만 전달받은 인자 값은 상위 컴포넌트에서 참고용으로만 활용하고, 데이터 값은 변경하지 말아야 합니다. 컴포넌트는 각자 고유한 유효 범위를 갖기 때문에 상위 컴포넌트에서 전달받은 인자 값을 갱신하더라도 하위 컴포넌트에는 반영되지 않습니다.

지금까지 컴포넌트가 분리되어 데이터를 공유하지 못했던 문제점을 컴포넌트 통신 방법(props 속성, 이벤트 전달)으로 해결하였습니다.

06-6 더 나은 사용자 경험을 위한 기능 추가하기

앞에서 제작한 기능에 이어서 사용자 경험을 향상시키는 2가지 기능을 추가로 구현해 보겠습니다. 현재 애플리케이션은 화면이 리액티브하게 동작하기 때문에 할 일을 추가했을 때 목록의 맨 아래에 추가된 아이템이 갑자기 나타납니다. 할 일을 삭제할 때도 마찬가지로 목록에서 아이템이 불쑥 사라지기 때문에 어떤 아이템을 삭제했는지 놓치기 쉽습니다. 또한 할 일에 입력 값이 없는데 ➕ 버튼을 누르는 경우 아무 이벤트가 발생하지 않기 때문에 자칫 오류가 있는 애플리케이션으로 착각할 수 있습니다. 그러면 애니메이션과 모달을 이용해 애플리케이션의 완성도를 높여 봅시다.

뷰 애니메이션

뷰 애니메이션은 뷰 프레임워크 자체에서 지원하는 애니메이션 기능으로, 데이터 추가, 변경, 삭제에 대해서 페이드 인(fade in), 페이드 아웃(fade out) 등의 여러 가지 애니메이션 효과를 지원합니다. 간단한 데이터부터 목록 아이템까지 모두 지원할 뿐만 아니라 기타 자바스크립트 애니메이션 라이브러리나 CSS 애니메이션 라이브러리도 같이 사용할 수 있습니다.

그럼 TodoList 컴포넌트의 할 일 목록에 애니메이션을 추가하기 위해 〈template〉 코드를 약간 변경해 보겠습니다.

```
<template>
  <section>
    <transition-group name="list" tag="ul">
      <li v-for="(todoItem, index) in propsdata" :key="todoItem" class="shadow">
        ...
      </li>
    </transition-group>
  </section>
</template>
```

TodoList 컴포넌트의 〈template〉 코드

기존에 있던 〈ul〉 태그를 제거하고 〈transition-group〉 태그를 추가합니다. 〈transition-group〉은 목록에 애니메이션을 추가할 때 사용되는 태그이며, tag 속성에 애니메이션이 들어갈 HTML

태그 이름(p, ul, section 등등)을 지정하면 됩니다. name 속성은 이후에 추가할 CSS 클래스와 연관이 있습니다.

그리고 〈li〉 태그에 v-bind:key를 간략하게 표현한 :key를 추가합니다. 목록에 애니메이션을 적용하려면 〈transition-group〉 안의 대상 태그에 :key 속성을 꼭 지정해야 하기 때문입니다. :key 속성에는 유일하게 구분되는 값을 넣어야 하는데 여기서는 일단 todoItem이라는 텍스트 값을 사용합니다.

> **! 알아두면 좋아요!** **:key 속성은 v-for 디렉티브를 사용할 때 지정하는 게 좋습니다**
>
> 목록 애니메이션 이외에도 :key 속성은 v-for 디렉티브를 사용할 때 꼭 지정해 주는 것이 좋습니다. 뷰는 목록의 특정 아이템이 삭제되거나 추가되었을 때, 돔에서 나머지 아이템의 순서를 다시 조정하지 않고 프레임워크 내부적으로 전체 아이템의 순서를 제어합니다. 이렇게 프레임워크에서 목록 아이템의 순서를 제어하는 이유는 브라우저가 돔을 조작하는 데 소요되는 시간들을 최소화하기 위해서입니다.
> 예를 들어, 돔에서 목록 순서를 제어하는 경우를 살펴보겠습니다. 목록 아이템이 1000개가 있을 때, 두 번째 목록 아이템을 지우면 나머지 998개의 아이템이 모두 한 번씩 이동을 해야 합니다. 화면을 다시 그려야 하는 브라우저 입장에서는 목록 아이템이 많으면 많을수록 렌더링 부담이 커집니다. 하지만 뷰 프레임워크에서 순서를 제어하는 경우 두 번째 아이템을 삭제했을 때 나머지 목록 아이템을 움직이지 않고, 내부적으로 아이템의 순서만 재조정하여 돔 이동을 최소화합니다. 따라서 브라우저에서 화면을 더 빨리 그릴 수 있죠. :key 속성을 사용하면 이런 작업들을 더 효율적으로 할 수 있습니다.

이제 〈transition-group〉 태그에 적용할 CSS 속성을 추가하겠습니다.

CSS 속성의 클래스를 보면 모두 앞에서 설정한 name 속성 값(list)을 접두사로 갖고 있습니다. 그리고 enter-active, leave-active, enter, leave-to는 클래스 이름에서 짐작할 수 있듯이 데이터가 들어오고 나가는 동작을 정의하는 CSS입니다.

```
<style scoped>
  .list-enter-active, .list-leave-active {
    transition: all 1s;
  }
  .list-enter, .list-leave-to {
    opacity: 0;
    transform: translateY(30px);
  }
</style>
```

TodoList 컴포넌트에 추가한 CSS 코드

> **참고** 이러한 클래스 규칙과 체계는 뷰 프레임워크 내부적으로 정의되어 있기 때문에 사용 방법에 대해 더 자세히 알고 싶다면 뷰 애니메이션 클래스 공식 문서 (https://vuejs.org/v2/guide/transitions, https://vuejs.org/v2/guide/transition-Classes)를 참고하세요.

CSS 속성을 적용하고 다시 화면을 실행합니다. 이제 할 일을 추가하거나 삭제하면 할 일 아이템이 부드럽게 들어오고 나가는 애니메이션 동작을 확인할 수 있습니다.

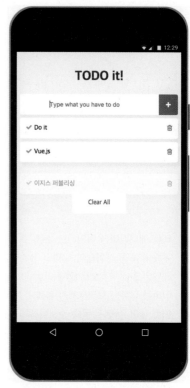

할 일을 추가하는 애니메이션이 적용된 모습

뷰 모달

현재 애플리케이션에서 인풋 박스에 아무 값도 넣지 않고, ➕ 버튼을 누르거나 [Enter]를 누르면 아무런 반응이 없습니다. 텍스트 입력 값이 없을 때의 예외 처리를 하지 않았기 때문이죠. 자바스 크립트의 기본 경고 창을 활용해서 예외 처리를 할 수도 있지만 좀 더 보기 좋은 UI를 위해 뷰 공식 사이트에서 제공하는 팝업 대화상자인 모달(modal)을 활용해 보겠습니다.

먼저 components 폴더 안에 common 폴더를 만들고 Modal.vue 파일을 다음과 같이 생성합니다. 모달 소스 코드는 https://vuejs.org/v2/examples/modal.html에서 HTML 부분의 ⟨transition⟩ 태그 코드와 CSS 부분을 복사해 가져옵니다. 복사한 ⟨transition⟩ 코드는 ⟨template⟩ 태그에 넣고, CSS 코드는 ⟨style⟩ 태그에 넣습니다.

이제 모달에 표시할 헤더(header)와 푸터(footer)를 정의하는 코드를 추가합니다. 먼저 TodoInput. vue 파일의 ⟨template⟩ 코드를 보겠습니다. ⟨span⟩ 태그 아래에 ⟨modal⟩ 태그와 옵션들을 추가 하여 모달이 동작할 때 표시될 정보를 정의합니다.

```
<template>
  <div class="inputBox shadow">
    <input type="text" v-model="newTodoItem" placeholder="Type what you have to do" v-
on:keyup.enter="addTodo">
    <span class="addContainer" v-on:click="addTodo">
      <i class="addBtn fas fa-plus" aria-hidden="true"></i>
    </span>

    <modal v-if="showModal" @close="showModal = false">
      <h3 slot="header">경고</h3>              ── 모달 헤더
      <span slot="footer" @click="showModal = false">
        할 일을 입력하세요.
        <i class="closeModalBtn fas fa-times" aria-hidden="true"></i>    ── 모달 푸터
      </span>
    </modal>
  </div>
</template>
```

TodoInput.vue의 〈template〉 태그

그리고 생성한 Modal.vue 파일을 TodoInput.vue 파일에서 컴포넌트로 등록합니다.

```
<script>
import Modal from './common/Modal.vue'    ── Modal.vue 불러오기

export default {
  props: ['propsdata'],
  data() {
    return {
      newTodoItem: '',
      showModal: false     ── 모달 동작을 위한 플래그 값
    }
  },
  methods: {
    addTodo() {
      if (this.newTodoItem !== "") {
        var value = this.newTodoItem && this.newTodoItem.trim();
        this.$emit('addTodo', value);
        this.clearInput();
      } else {
```

```
            this.showModal = !this.showModal;        텍스트 미입력 시 모달 동작
        }
    },
...
    },
    components: {
        Modal: Modal        모달 컴포넌트 등록
    }
}
</script>
```

TodoInput.vue의 〈script〉 태그

추가한 코드를 저장한 후 인풋 박스에 아무것도 입력하지
않고 ➕ 버튼을 눌러 보세요. 그러면 오른쪽 화면처럼 모
달이 나타납니다.

지금까지 앞에서 배운 뷰 인스턴스, 컴포넌트, 컴포넌트 통
신, 템플릿, 뷰 CLI를 이용하여 종합 애플리케이션을 제작
해 보았습니다. 뷰 CLI로 webpack-simple 프로젝트를
생성하여 화면을 컴포넌트 기반으로 설계한 다음 각각의
컴포넌트를 제작해 컴포넌트 간의 데이터 전달까지 구현
했습니다. 이러한 설계와 구현 절차는 실제 뷰 프레임워크
로 애플리케이션을 만들 때의 절차와 동일합니다. 따라서
만들고자 하는 서비스의 성격에 따라 webpack 또는
webpack-simple 등의 프로젝트 템플릿을 정한 후 앞에
서 진행한 흐름대로 애플리케이션을 구현하면 됩니다.

텍스트를 입력하지 않고 ➕ 버튼을 눌렀을 때 동작
하는 모달

그리고 현재 애플리케이션은 할 일 추가, 조회, 삭제만 가
능합니다. 변경은 구현하지 않았는데, 현재 코드에서 어떻

참고▶ 할 일 목록에 등록된 데이터를 변경하는
코드는 저자의 깃허브를 참고하세요.

게 하면 할 일 목록에 등록된 데이터를 변경할 수 있을지 한번 고민해 보기 바랍니다.

Vue.js 고급 개발자 되기

06장까지는 뷰를 처음 시작하는 입문자들이 꼭 알아야 하는 내용들을 중심으로 다뤘습니다. 지금까지 배운 내용으로도 충분히 모든 유형의 화면을 개발할 수 있을 것입니다. 이 장에서는 뷰로 복잡한 웹 앱을 개발할 때 필요한 중·고급 지식들을 소개하고 향후 스스로 찾아서 학습할 수 있는 자료를 안내합니다.

07-1 뷰 중·고급 레벨로 올라가기 위한 지식
07-2 뷰 개발을 위한 웹팩
07-3 뷰 개발을 위한 ES6
07-4 뷰 CLI에서 사용하는 NPM

"어렵더라도 한 번 익히면 더 탄탄한 뷰 개발자가 될 수 있는 지식들"

07-1 뷰 중·고급 레벨로 올라가기 위한 지식

여기에서는 앞의 내용들을 읽고 어느 정도 감을 잡은 뷰 입문자들이 중급, 고급 레벨로 올라갈 수 있는 몇 가지 지식과 정보를 안내하겠습니다.

- Vuex : 상태 관리 라이브러리
- Vue Reactivity : 뷰가 데이터 변화를 감지하고 자동으로 화면을 갱신하는 특성
- Server Side Rendering : 서버 사이드 렌더링

Vuex

뷰엑스(Vuex)는 애플리케이션의 상태 관리(state management)를 돕는 라이브러리입니다. 상태 관리라는 용어가 익숙하지 않은 분들은 이 용어가 별로 와닿지 않을 것입니다. 이번에는 상태 관리에 대해 간단하게 짚어보고 넘어가겠습니다.

먼저 상태(state)란 뷰 data 속성과 비슷하다고 생각하면 됩니다. 그러면 뷰 data 속성과 '상태'는 실질적으로 어떤 차이점이 있는 걸까요? 다음 그림을 살펴봅시다.

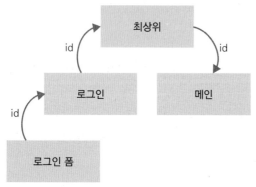

컴포넌트 간 데이터 전달을 나타내는 관계도

위 그림은 id라는 데이터를 로그인 폼 컴포넌트에서 메인 컴포넌트로 전달하는 컴포넌트 간 관계 도입니다. 로그인 폼 컴포넌트를 비롯한 모든 컴포넌트에서 id라는 데이터(상태)를 서로 공유하고 있습니다. 만약 로그인 폼에서 입력받은 id를 메인 컴포넌트에 표시해야 한다면 로그인 폼 컴포넌트에서 메인 컴포넌트로 데이터 속성 id를 전달해야 합니다. 그러면 id는 상위 컴포넌트인 로그인

컴포넌트와 최상위 컴포넌트를 거쳐 다시 최상위의 하위 컴포넌트인 메인 컴포넌트로 전달됩니다. 이처럼 특정 데이터를 여러 컴포넌트가 공유하고 있을 때 그 데이터를 '상태'라고 합니다.

자, 그럼 왜 상태 관리가 필요할까요? 이전 그림과 비교하여 다음 그림을 살펴보겠습니다.

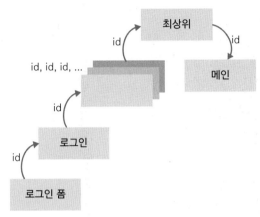

컴포넌트가 너무 많을 때의 문제점

앞에서 본 그림과 위 그림의 차이점은 로그인 폼 컴포넌트에서 메인 컴포넌트로 데이터를 전달할 때 로그인 컴포넌트와 최상위 컴포넌트 사이에 너무 많은 컴포넌트가 존재한다는 것입니다. 이렇게 되면 props로 데이터를 전달한다고 할 때 로그인 폼과 최상위 사이에 있는 모든 컴포넌트에 props를 설정해 줘야 합니다. 만약 데이터 이름을 바꾸기라도 한다면 정말 손이 많이 가고 관리도 힘들어지겠죠.

이때 props 대신 이벤트 버스를 활용하면 어떻게 될까요? 상-하위 간의 데이터 전달 구조를 따르지 않고도 한 번에 로그인 폼 컴포넌트에서 메인 컴포넌트로 데이터를 보낼 수 있어 쉽게 데이터를 전달할 수 있을 겁니다. 다만 여기서 생기는 문제점은 단방향 데이터 흐름이 아닌 셀 수 없이 많은 데이터 흐름(Countless Ways Data Flow)이 되겠죠. 아래와 같이 말입니다.

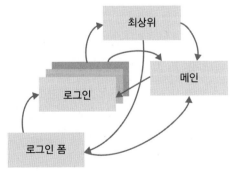

데이터 흐름 규칙이 정해져 있지 않을 때의 문제점

앞의 구조처럼 몇 개 되지 않는 컴포넌트 간 데이터 통신도 어디에서 와서 어디로 가는지 파악하기
어려운데 20~30개 정도 컴포넌트를 가진 웹 앱을 제작한다고 하면 거의 재앙에 가까울 것입니다.
천재가 아닌 이상 다 기억하기가 어렵죠. 이럴 때 필요한 게 바로 상태 관리입니다. 애플리케이션
에서 사용하는 모든 데이터를 중앙에서 관리하여 크기가 큰 애플리케이션의 데이터 관리를 효율
적으로 하는 것이 상태 관리의 목적입니다.

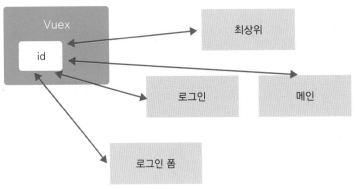

기존의 문제점에 상태 관리(뷰엑스)를 적용한 모습

이처럼 상태 관리는 컴포넌트가 너무 많아 관리가 어려운 복잡한 규모의 애플리케이션에서 필요
합니다. 또한 뷰엑스에서 다루는 State, Getters, Mutations, Actions라는 기능의 사용 방법과 개
념은 범위가 넓은 주제입니다. 따라서 입문할 때 배우는 것보다는 뷰의 기본적인 개념들을 잡아 가
면서 추후에 필요할 때 배우는 것이 좋습니다.

뷰엑스에 대한 더 자세한 가이드는 다음 링크를 참고하세요.

> 공식 사이트: https://vuex.vuejs.org/en/intro.html
> 뷰엑스 한글 강의(유료): https://www.inflearn.com/course/vue-pwa-vue-js-중급

뷰의 반응성

뷰의 반응성(Vue Reactivity)은 뷰가 데이터 변화를 감지했을 때 자동으로 화면을 다시 갱신하는
특성입니다. 뷰의 반응성에 대해 알아두면 프레임워크 내부적으로 화면을 그리는 방법, 가상 돔이
동작하는 방법, 화면을 빠르게 그리기 위해 브라우저에 부하를 주지 않고 돔을 추가·삭제하는 방
법을 익힐 수 있습니다. 따라서 뷰 고급 개발자를 목표로 한다면 뷰의 반응성에 대해 심도 있게 학
습하는 것이 좋습니다. 그럼 데이터가 변경되었을 때 어떻게 뷰에서 자동으로 화면을 갱신하는지
간단하게 살펴보겠습니다.

먼저, 뷰로 애플리케이션을 구현하려면 인스턴스를 생성해야 합니다. 그리고 인스턴스가 생성될 때 data 속성에 정의된 객체들은 특정 변환 작업을 거칩니다. 라이브러리에서 data에 정의된 모든 속성(객체)을 getter, setter의 형태로 변환하는 것이죠. 여기서 getter와 setter라는 속성은

참고 getter와 setter를 변환할 때는 자바스크립트의 내장 API인 Object.defineProperty()가 사용됩니다. 자세한 내용은 https://developer.mozilla.org/en-US/docs/Web/JavaScript/Reference/Global_Objects/Object/defineProperty를 참고하세요.

사용자가 접근할 수 있는 속성이 아닙니다. 다만 뷰 인스턴스에 정의해 놓은 data 속성에 변화가 생길 때 뷰에서 감지하기 위해 라이브러리 내부적으로 필요한 속성이죠.

그리고 화면을 다시 갱신하는 속성인 watcher에 대해서도 알아둘 필요가 있습니다. watcher 속성은 모든 컴포넌트에 존재하는 속성으로, 화면을 다시 그리는 데 중요한 역할을 합니다. 예를 들어, 인스턴스가 화면에 올라가고 나서 특정 data 속성을 바꾸거나 접근하면 watcher에서 해당 사실을 감지합니다. 그리고 watcher에서 다시 화면을 그리라는 신호를 보내죠.

이 외에도 뷰의 반응성에 대해 한 가지 알아둘 점이 있습니다. 바로 '인스턴스 data 속성에 반응성이 언제 생기는가?'하는 것입니다. 정답은 '인스턴스를 생성하는 시점'입니다. 따라서 인스턴스를 정의할 때 data 속성에 정의하지 않고 인스턴스를 생성하고 난 후 data 속성에 객체를 추가하면 그 객체에는 반응성이 생기지 않습니다. 반응성이 없다는 것은 해당 객체의 변화가 있든 없든 뷰에서 화면을 다시 갱신하지 않는다는 의미입니다.

이처럼 뷰가 라이브러리 내부적으로 어떻게 동작하는지를 알면 더 좋은 코드를 작성할 수 있습니다. 뷰의 반응성에 대해 더 자세히 알고 싶다면 다음 링크를 참고하세요.

뷰의 반응성: https://vuejs.org/v2/guide/reactivity.html

서버 사이드 렌더링

서버 사이드 렌더링(Server-Side Rendering)은 뷰엑스와 마찬가지로 별도의 라이브러리와 공식 사이트가 있을 정도로 광범위한 주제이기 때문에 여기서는 자세히 다루지 않습니다. 다만 서버 사이드 렌더링과 클라이언트 사이드 렌더링(Client-Side Rendering)에 대한 차이는 알고 있어야 여러분이 필요할 때 찾아서 사용할 수 있기 때문에 간단히 살펴보고 넘어가겠습니다.

참고 서버 사이드 렌더링은 뷰에서 Nuxt.js라는 라이브러리로 지원하고 있습니다.

클라이언트 사이드 렌더링과 서버 사이드 렌더링의 차이

클라이언트 사이드 렌더링이란 웹 페이지를 화면에 그릴 때 화면을 그리는 동작을 클라이언트(브라우저)에서 수행하는 것을 의미합니다. 정확한 의미를 파악하기 위해 웹 페이지가 브라우저에 로딩되는 순서를 살펴보겠습니다.

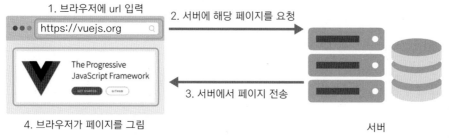

사용자가 요청한 웹 페이지가 브라우저에 로딩되는 과정

일단 클라이언트 사이드 렌더링이든 서버 사이드 렌더링이든 브라우저는 웹 페이지를 화면에 나타내는 역할을 합니다. 다만 완벽하게 그려진 HTML 페이지를 나타내는 것과 일부만 그려져 있어 추가로 더 그려야 할 것이 남아 있는 HTML 페이지를 나타내는 것은 차이가 있습니다.

클라이언트 사이드 렌더링은 다 그려져 있지 않은 HTML 페이지를 브라우저에서 받고 프런트엔드 프레임워크와 같은 자바스크립트를 이용하여 나머지 부분을 그리는 것을 의미합니다. 서버 사이드 렌더링은 완벽히 그려진 HTML 페이지를 브라우저에서 받는 것을 의미합니다. 리액트, 앵귤러를 비롯하여 뷰 프레임워크의 기본 사용 방법은 클라이언트 사이드 렌더링이며, 아래의 화면을 보면 쉽게 이해할 수 있습니다.

뷰로 제작한 간단한 HTML 페이지

위 파일은 간단한 HTML 페이지입니다. 이 페이지의 코드를 클라이언트 사이드 렌더링과 서버 사이드 렌더링 관점에서 비교해 보겠습니다. 먼저 클라이언트 사이드 렌더링 코드를 살펴봅시다.

```
<html>
  <head>
    <title>Vue Client Side Rendering</title>
  </head>
  <body>
    <div id="app">
      {{ message }}
      <list-component></list-component>
    </div>

    <script src="https://cdn.jsdelivr.net/npm/vue@2.5.2/dist/vue.js"></script>
    <script>
      var cmp = {
        template: '<ul><li>item1</li><li>item2</li></ul>'
      };

      new Vue({
        el: '#app',
        data: {
          message: 'Hello Vue.js!'
        },
        components: {
          'list-component': cmp
        }
      });
    </script>
  </body>
</html>
```

뷰를 이용한 클라이언트 사이드 렌더링 코드

이 코드가 화면에 표시되는 과정을 살펴봅시다. 먼저 서버에서 보내준 HTML 파일을 받았을 때 브라우저가 이 HTML 파일을 화면에 로딩하면서 뷰 프레임워크(자바스크립트)를 이용하여 인스턴스를 생성합니다. 그리고 〈ul〉과 〈li〉 태그를 템플릿 속성에 생성하여 화면에 붙여 넣습니다. 이제 화면이 완성되어 브라우저에 최종 형태가 표시됩니다.

그러면 위 코드를 서버 사이드 렌더링 코드로 바꿔 보면 어떨까요?

```
<body>
  <div id="app">
    Hello Vue.js!
    <ul>
      <li>item1</li>
      <li>item2</li>
    </ul>
  </div>
</body>
```

서버 사이드 렌더링 코드

서버 사이드 렌더링에서는 서버에서 브라우저로 HTML 파일을 넘겨줄 때 화면에 나타낼 텍스트 값과 〈ul〉, 〈li〉 태그가 이미 완벽하게 그려져 있습니다. 따라서 브라우저에서는 그냥 해당 파일을 표시하기만 하면 되고, 별도의 자바스크립트를 이용한 화면 렌더링은 필요하지 않습니다.

결과적으로, 클라이언트 사이드 렌더링과 서버 사이드 렌더링의 차이를 아래와 같은 그림으로 나타낼 수 있습니다.

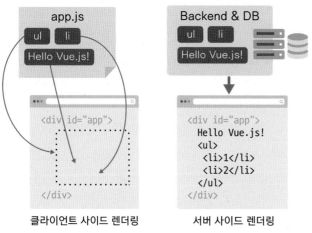

클라이언트 사이드 렌더링   서버 사이드 렌더링

클라이언트 사이드 렌더링 vs 서버 사이드 렌더링

그럼 어떤 상황에서 클라이언트 사이드 렌더링, 서버 사이드 렌더링을 사용하는 것이 좋을까요?

먼저 서버 사이드 렌더링의 강점은 검색 엔진 최적화(SEO, Search Engine Optimization)입니다. 화면의 내용이 이미 다 그려진 상태로 클라이언트에 넘어오기 때문에 내용의 노출 정도가 높아 검색 엔진에서 높은 점수를 받을 수 있습니다. 반면에, 클라이언트 사이드 렌더링은 클라이언트가 웹 페이지를 받고 나서도 자바스크립트(또는 프레임워크)로 추가 내용을 화면에 부착하고 그려 줘야 하기 때문에 노출 정도가 상대적으로 낮습니다.

서버 사이드 렌더링의 또 다른 강점은 초기 화면 렌더링 속도입니다. 다 그려져 있는 상태에서 화면에 단순히 나타내기만 하는 것과 자바스크립트 라이브러리를 로딩하고 데이터와 화면 요소를 계산하여 화면에 나타내는 것은 속도에서 많은 차이가 있습니다. 단순하게 생각하면 화면을 그리기 위한 자바스크립트 라이브러리를 몇 개 더 다운로드하는 시간부터 이미 추가로 발생하니까요.

물론 클라이언트 사이드 렌더링이 주는 매끄러운 화면 전환과 사용자 경험의 향상은 큰 장점입니다. 따라서 웹 앱의 성격에 따라 적재적소에 맞는 기법을 사용하는 것이 중요합니다. 뷰 서버 사이드 렌더링을 더 알고 싶다면 다음 링크를 참고하세요.

뷰 공식 사이트 서버 사이드 렌더링: https://ssr.vuejs.org/en/
서버 사이드 렌더링 라이브러리 Nuxt.js: https://nuxtjs.org/

07-2 뷰 개발을 위한 웹팩

05-2에서 등장한 웹팩(webpack)은 최신 프런트엔드 프레임워크인 앵귤러, 리액트, 뷰에서 모두 권하는 모듈 번들러입니다. 뷰 프레임워크를 처음 배우는 입장에서는 웹팩에 대해 깊이 알 필요는 없습니다. 다만 이게 무엇이고 왜 필요한지 정도는 알고 있어야 나중에 필요할 때 직접 찾아 볼 수 있겠죠? 그러므로 웹팩에 대해 간단히 소개하고, 뷰 CLI로 생성한 프로젝트에서 사용하는 웹팩 데브 서버와 웹팩 설정 파일(webpack.config.js)에 대해 살펴보겠습니다.

웹팩이란?

웹팩은 흔히 모듈 번들러라고 알려져 있습니다. 공식 홈페이지에서도 다음처럼 모듈 번들러라고 부르고 있죠.

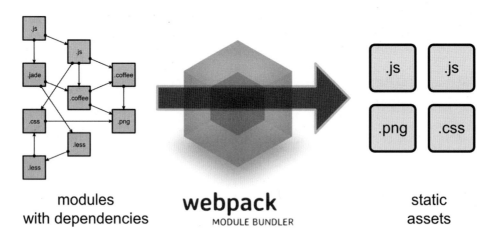

웹팩의 소개 이미지(출처 : 웹팩 공식 사이트 https://webpack.github.io/)

여기서부터 '모듈이 무엇이고, 번들러는 또 무엇인가?'라는 의문을 가질 수 있을 것입니다. 공식 홈페이지에서는 웹팩을 '서로 연관이 있는 모듈 간의 관계를 해석하여 정적인 자원으로 변환해 주는 변환 도구'라고 정의합니다. 이를 좀 더 쉽게 풀어 설명하면 '파일 간의 연관 관계를 파악하여 하나의 자바스크립트 파일로 변환해 주는 변환 도구'입니다.

물론 웹팩의 플러그인 기능을 활용하면 1개 이상의 자바스크립트 파일 또는 CSS, HTML 파일을 추가로 생성할 수는 있습니다. 다만 기본적인 취지 자체는 '애플리케이션 동작과 관련된 여러 개의 파일(HTML, CSS, 자바스크립트, 이미지 등)들을 1개의 자바스크립트 파일 안에 다 넣어 버리고, 해당 자바스크립트 파일만 로딩해도 웹 앱이 돌아가게 하자'는 것입니다.

여기서 가장 중요한 건 '왜 모든 파일의 내용을 1개의 파일에 담느냐?'입니다. 이 부분은 웹 앱의 로딩 속도를 향상시키는 것과 연관이 있습니다. 일반적으로 웹 페이지를 브라우저에 나타내기 위해 웹 화면을 구성할 때 화면 구성에 필요한 자바스크립트, CSS, 이미지 파일마다 서버로 보내는 HTTP 요청이 발생합니다. 따라서 HTTP 네트워크 요청 숫자가 늘어나면 늘어날수록 웹 화면 로딩 시간은 길어질 수밖에 없습니다.

예를 들어, HTTP 요청 1개에 2초가 소요된다고 하면 1개의 파일 요청과 30~40개의 파일 요청은 느린 인터넷 환경에서 최소 1분의 차이가 납니다. 그러므로 당연히 HTTP 요청 숫자를 줄여야 웹 페이지 로딩이 빨라지고, 이는 결국 더 나은 사용자 경험을 제공하는 결과로 이어지죠. 이런 문제를 개선하기 위해 예전부터 걸프(Gulp), 그런트 (Grunt)와 같은 웹 자동화 도구들보다 존재했으며, 최근에는 이 도구들보다 더 많은 기능을 추가로 제공하는 웹팩이 등장했습니다.

> **참고** 걸프와 그런트에 대해 더 알고 싶다면 검색 엔진에 'gulp tutorial', 'grunt tutorial'을 검색해 보세요. 걸프는 https://scotch.io/tutorials/automate-your-tasks-easily-with-gulp-js 사이트를 추천합니다.

웹팩의 주요 속성

웹팩을 사용할 때 알아둬야 하는 주요 속성은 크게 다음 5가지입니다.

속성	설명
entry	웹팩으로 빌드(변환)할 대상 파일을 지정하는 속성입니다. entry로 지정한 파일의 내용에는 전체 애플리케이션 로직과 필요 라이브러리를 로딩하는 로직이 들어갑니다.
output	웹팩으로 빌드한 결과물의 위치와 파일 이름 등 세부 옵션을 설정하는 속성입니다.
loader	웹팩으로 빌드할 때 HTML, CSS, PNG(이미지) 파일 등을 자바스크립트로 변환하기 위해 필요한 설정을 정의하는 속성입니다.
plugin	웹팩으로 빌드하고 나온 결과물에 대해 추가 기능을 제공하는 속성입니다. 예를 들어, 결과물의 사이즈를 줄이거나 결과물(기본적으로 자바스크립트)을 기타 CSS, HTML 파일로 분리하는 기능 등이 있습니다.
resolve	웹팩으로 빌드할 때 해당 파일이 어떻게 해석되는지 정의하는 속성입니다. 예를 들어, 특정 라이브러리를 로딩할 때 버전은 어떤 걸로 하고, 파일 경로는 어디로 지정하는지 등을 정의합니다.

웹팩 데브 서버

웹팩 데브 서버(webpack-dev-server)란 웹팩 설정 파일의 변화를 감지하여 빠르게 웹팩을 빌드할 수 있도록 지원하는 유틸리티이자 노드제이에스(Node.js) 서버입니다. 웹팩 데브 서버는 웹팩 설정 파일의 내용이 변경되면 브라우저 화면을 자동으로 새로 고침하고, 바로 다시 웹팩으로 빌드하는 기능을 갖고 있습니다. 따라서 웹팩으로 화면을 빠르게 제작하고자 할 때 유용하게 사용할 수 있습니다.

참고 ▶ 서버 구성은 노드제이에스 환경 위에 익스프레스(Express)라는 서버 프레임워크가 올라간 형태입니다.

05-2에서 배운 뷰 CLI로 webpack-simple 프로젝트를 생성하고, npm install 명령어로 필요한 라이브러리를 설치한 후 npm run dev 명령어를 실행하면 아래와 같은 결과가 출력됩니다.

```
Project is running at http://localhost:8080/
webpack output is served from /dist/
404s will fallback to /index.html
```

npm run dev 명령어의 실행 결과

첫 번째 줄은 웹팩 데브 서버가 노드로 로컬 서버 하나를 띄워 http://localhost:8080에 프로젝트를 실행하고 있다는 의미입니다. 그리고 두 번째 줄은 /dist/에 있는 웹팩 결과물로 웹 앱을 로딩하고 있다는 의미입니다.

그런데 사실 웹팩을 빌드하려면 npm run build라는 명령어를 사용해야 합니다. 이 명령어가 아닌 npm run dev 명령어를 사용했는데도 현재 애플리케이션은 마치 웹팩으로 빌드한 결과물을 정상적으로 실행하고 있는 것처럼 동작합니다. 다음 프로젝트 구조를 살펴봅시다.

npm run dev 명령어 실행 후의
프로젝트 구조

npm run build 명령어 실행 후의
프로젝트 구조

앞의 왼쪽 그림을 보면 npm run dev 명령어로 프로젝트를 실행했을 때 프로젝트 구조에 /dist/라는 폴더는 존재하지 않습니다. 존재하지도 않는 폴더의 내용을 참고하고 있는 것이죠. 결론적으로, npm run build 명령어로 /dist/라는 웹팩 빌드 결과물을 만들지 않아도 npm run dev 명령어를 실행했을 때 마치 웹팩으로 빌드한 것 같은 효과를 얻게 된다는 것을 알 수 있습니다.

```
Gihyos-MacBook-Pro:webpack-simple gihyojoshuajang$ npm run build

> webpack-simple@1.0.0 build /Users/gihyojoshuajang/Desktop/doit-vuejs/webpack-simple
> cross-env NODE_ENV=production webpack --progress --hide-modules

Hash: e043290d96f1cd0fdf14
Version: webpack 3.8.1
Time: 4199ms
                               Asset     Size  Chunks                    Chunk Names
logo.png?82b9c7a5a3f405032b1db71a25f67021  6.85 kB          [emitted]
                            build.js  97.4 kB       0  [emitted]  main
                        build.js.map   811 kB       0  [emitted]  main
```

npm run build 명령어를 실행하면 생성되는 빌드 결과물

그럼 npm run dev 명령어로 띄운 서버에서 참조하고 있는 빌드 결과물은 어디에 있을까요? 바로 메모리 상에 있습니다. 웹팩 데브 서버는 빌드한 파일을 파일 시스템에 저장하지 않고 컴퓨터 메모리에만 저장하기 때문에 파일 시스템(폴더) 상에서는 빌드 파일을 확인할 수 없습니다. 이렇게 하는 이유는 파일 시스템에 파일을 쓰고 읽는 시간보다 메모리에 저장하고 읽는 시간이 더 빠르기 때문입니다. 그래서 웹팩 데브 서버를 인 메모리(in memory) 기반이라고 말합니다.

webpack-simple 프로젝트의 웹팩 설정 파일 분석

뷰 CLI로 webpack-simple 프로젝트를 생성하고 나면 프로젝트 최상위 레벨에서 webpack.config.js라는 웹팩 설정 파일을 확인할 수 있습니다. 뷰 애플리케이션을 실행하기 위해 npm run dev 명령어를 입력했을 때 webpack.config.js 파일에 정의된 설정에 따라 .vue 파일을 포함한 기타 파일들이 웹팩으로 빌드가 됩니다. 수려한 화면 UI를 위해 외부 라이브러리를 사용하거나 기타 기능들을 결합하려면 웹팩 설정을 변경해 줘야 하기 때문에 웹팩 설정 파일에 대해 이해해 두는 것이 좋습니다.

그럼 webpack.config.js 파일을 첫 줄부터 순서대로 살펴보겠습니다.

파일 경로와 웹팩 라이브러리 로딩

```
var path = require('path')
var webpack = require('webpack')
```

output 속성에서 사용할 노드 path 라이브러리와 웹팩 플러그인에서 사용할 node_modules의 웹팩 라이브러리를 node_modules 폴더에서 로딩하여 path, webpack에 각각 저장합니다.

entry 속성

```
entry: './src/main.js',
```

웹팩으로 빌드할 파일을 src 폴더 밑의 main.js 파일로 지정합니다. main.js 파일에 정의한 내용에 따라 애플리케이션의 구성 요소 및 파일들이 웹팩으로 번들링(빌드)됩니다.

output 속성

```
output: {
  path: path.resolve(__dirname, './dist'),
  publicPath: '/dist/',
  filename: 'build.js'
}
```

웹팩으로 빌드를 하고 난 결과물 파일의 위치와 이름을 지정합니다. 결과물 파일의 위치는 dist/build.js입니다.

module 속성

웹팩으로 애플리케이션 파일들을 빌드(변환)할 때 HTML, CSS, PNG(이미지) 등의 파일을 자바스크립트로 변환해 주는 로더를 지정합니다.

```
module: {
  rules: [
    {
      test: /\.css$/,
      use: [
        'vue-style-loader',     ❶
        'css-loader'
      ],
    },
    {
```

```
        test: /\.vue$/,
        loader: 'vue-loader',
        options: {                  ❷
          loaders: {
          }

        // other vue-loader options go here

        }
      },
      {
        test: /\.js$/,
        loader: 'babel-loader',     ❸
        exclude: /node_modules/
      },
      {
        test: /\.(png|jpg|gif|svg)$/,
        loader: 'file-loader',
        options: {                  ❹
          name: '[name].[ext]?[hash]'
        }
      }
    ]
  },
```

❶ 프로젝트 폴더 안의 css 파일에 vue-style-loader와 css-loader를 적용합니다. css-loader를 적용하여 css 파일을 모두 자바스크립트로 변환합니다. 그리고 앞에서 변환된 css 속성들이 최종적으로 vue-style-loader을 거쳐 index.html에 〈style〉 태그로 삽입됩니다.

❷ vue 파일에는 vue-loader를 적용합니다. vue 파일의 〈template〉, 〈script〉, 〈style〉 등의 내용이 자바스크립트로 변환되어 웹팩 빌드 결과물에 포함됩니다.

❸ 자바스크립트 파일에 babel-loader를 적용합니다. 자바스크립트 파일의 ES6 문법을 모든 브라우저에서 호환 가능한 자바스크립트로 변환(transpile)합니다.

❹ 이미지 파일들은 file-loader를 이용하여 자바스크립트 파일로 변환합니다.

resolve 속성

```
resolve: {
  alias: {
    'vue$': 'vue/dist/vue.esm.js'
  },
  extensions: ['*', '.js', '.vue', '.json']
},
```

웹팩으로 빌드할 때 뷰 라이브러리의 여러 유형 중 어떤 걸 선택할지 지정합니다. 여기서 설정된 vue.esm.js는 최신 웹팩 버전과 사용할 수 있는 Full 버전의 라이브러리를 의미하며, 이렇게 별도로 설정하지 않으면 런타임 버전인 vue.runtime.esm.js를 사용합니다.

devServer 속성

```
devServer: {
  historyApiFallback: true,
  noInfo: true,
  overlay: true
}
```

웹팩 데브 서버 관련 속성을 지정합니다. historyApiFallback 속성은 클라이언트 사이드 라우팅인 뷰 라우터와 함께 사용하기 위해 true로 지정합니다. noInfo 속성은 처음 서버를 시작할 때만 웹팩 빌드 정보를 보여주고, 이후 변경 시에는 빌드 정보를 보여주지 않습니다. overlay 속성은 웹팩으로 빌드할 때 오류가 있으면 브라우저 화면 전체에 오류를 표시합니다.

performance 속성

```
performance: {
  hints: false
},
```

웹팩으로 빌드한 파일의 크기가 250kb를 넘으면 경고 메시지를 표시할지를 설정합니다. hints가 false이므로 크기와 관계 없이 경고가 표시되지 않습니다.

devtool 속성

```
devtool: '#eval-source-map'
```

웹팩으로 빌드된 파일로 웹 앱을 구동했을 때 개발자 도구에서 사용할 디버깅 방식을 지정합니다. 옵션이 여러 가지이므로 자세한 내용은 https://webpack.js.org/configuration/devtool/를 참고하세요.

배포할 때 옵션

애플리케이션의 기능과 화면을 구현한 후 최종적으로 사용자나 사이트에 배포할 때 애플리케이션의 성능 향상을 위해 추가한 설정입니다.

```javascript
if (process.env.NODE_ENV === 'production') {
  module.exports.devtool = '#source-map'   ①
  // http://vue-loader.vuejs.org/en/workflow/production.html
  module.exports.plugins = (module.exports.plugins || []).concat([
    new webpack.DefinePlugin({
      'process.env': {
        NODE_ENV: '"production"'
      }
    }),
    new webpack.optimize.UglifyJsPlugin({
      sourceMap: true,                          ②
      compress: {
        warnings: false
      }
    }),
    new webpack.LoaderOptionsPlugin({
      minimize: true
    })
  ])
}
```

① 개발자 도구 분석 옵션을 #source-map으로 지정합니다.

② 자바스크립트 파일의 크기를 줄이는 Uglify 플러그인과 환경 변수 값을 설정합니다.

앞에서 다룬 속성들 중 entry, output, loader, plugin, resolve 속성은 중요하므로 꼭 기억해 두는 것이 좋습니다. 그럼 웹팩 설정 파일의 속성들이 실제로는 어떻게 동작하는지 확인해 봅시다. 다음 프로젝트 폴더를 기준으로 빌드 과정을 도식화해 보겠습니다.

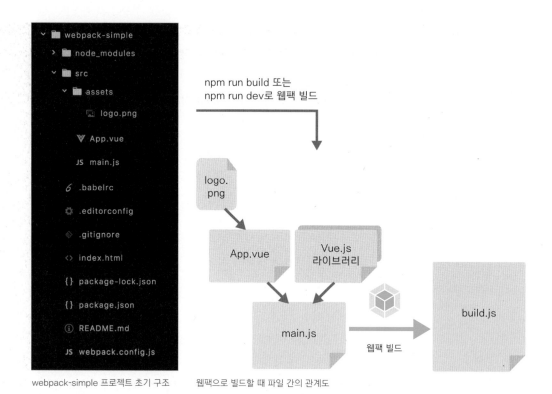

webpack-simple 프로젝트 초기 구조　　　웹팩으로 빌드할 때 파일 간의 관계도

앞의 프로젝트는 main.js 파일에서 App.vue 파일과 Vue.js 라이브러리를 불러와서 애플리케이션을 동작시키고, 또 App.vue에서 logo.png 파일을 이용하여 웹 페이지를 구성하는 구조입니다. 따라서 웹팩으로 빌드할 때 파일 간의 관계에 따라 build.js 파일을 생성합니다. 생성된 build.js는 애플리케이션 구조대로 파일(모듈) 간의 순서가 알맞게 설정되어 있습니다. 결론적으로, index.html 파일에서 웹팩으로 빌드한 build.js 파일만 로딩하면 애플리케이션 로직을 구성하는 vue 파일, png 파일, 자바스크립트 라이브러리를 로딩한 것과 동일한 방식으로 동작합니다.

07-3 뷰 개발을 위한 ES6

ES6란?

ES6(ECMAScript 2015)는 최신 자바스크립트 문법이자 스펙입니다. ECMA에서 자바스크립트의 첫 표준을 제정한 이래 2015년에 문법적으로 가장 큰 변화가 있었습니다. 이렇게 변경된 자바스크립트를 ECMAScript 2015 또는 ES6라고 부르고, 기존 자바스크립트를 ES5라고 부릅니다. ES6는 개발자가 더 쉽게 코드를 작성할 수 있도록 문법을 단순화하고, 미숙한 코딩으로 인한 오류를 미연에 방지하기 위해 언어 자체에서 유효 범위를 제한하는 등의 기능을 추가했죠.

그럼 ES5와 ES6가 코드 상에서 어떻게 다른지 한번 확인해 보겠습니다.

```javascript
// ES5
var num = 100;
var sumNumbers = function(a, b) {
  return a + b;
};
sumNumbers(10, 20); // 30
```

```javascript
// ES6
const num = 100;
let sumNumbers = (a, b) => {
  return a + b;
};
sumNumbers(10, 20); // 30
```

ES5(왼쪽)와 ES6(오른쪽)의 비교

위 코드는 둘 다 변수를 선언하고 2개의 숫자를 더하는 함수를 선언해서 10, 20을 더한 것을 출력하는 코드입니다. 먼저 왼쪽 코드는 ES5 코드입니다. var로 num이라는 변수를 선언하여 100을 대입했고, sumNumbers라는 변수를 선언한 다음에 인자 값 2개를 합산하는 함수 표현식을 정의했습니다. 오른쪽 ES6 코드도 const로 num이라는 변수를 선언하고, ES6의 화살표 함수(=>)를 활용하여 인자 값 2개를 받아 합산하는 함수 표현식을 정의했습니다.

이렇게 변수를 선언하는 const, let과 함수를 정의하는 화살표 함수 방식 이외에도 많은 부분의 문법이 바뀌었습니다. 여기서는 ES6 문법을 모두 다루지는 않고 뷰로 개발할 때 알면 도움이 되는 몇 가지 주요 문법만 살펴보겠습니다.

const와 let 예약어

const와 let은 변수를 선언할 때 사용하는 예약어입니다. ES5에서는 변수를 선언할 때 var를 사용하지만 ES6는 var 대신 let으로 변수를 선언합니다. 그리고 선언한 후 값이 바뀌지 않고 동일하게 사용되는 변수에 대해서는 const를 추가로 사용할 수 있습니다. 이렇게 구분하는 이유는 변수를 선언할 때 변수의 용도를 미리 고민하고 변수의 성격에 따라 변수 선언 방식을 구분함으로써 코드의 가독성을 높이기 위해서입니다.

다음의 코드를 통해 const와 let의 특징을 구분할 수 있습니다.

```
let a = 10;
a = 20; // 20
```

할당한 값을 변경할 수 있는 let

```
const a = 10;
a = 20; // Uncaught TypeError: Assignment to constant variable.
```

값의 갱신을 허용하지 않는 const

위의 두 코드는 a라는 변수를 선언하고 숫자 10을 대입한 후 a에 다시 숫자 20을 할당하는 코드입니다. let은 정상적으로 a의 값이 20으로 다시 할당되지만 const는 값을 다시 할당하려고 하면 오류가 발생합니다. 그 이유는 const 예약어로 선언한 변수에 한 번 할당된 값은 다시 변경할 수 없기 때문입니다. 따라서 상수 값과 함수를 정의할 때는 const를 활용하고, 반복문을 비롯한 나머지 변수를 선언할 때는 let을 활용하는 게 좋습니다.

블록의 유효 범위

두 번째로 살펴볼 특징은 블록의 유효 범위(block scope)입니다. 아래 코드를 통해 차이점을 알아보겠습니다.

```
var i = 10;
for (var i = 0; i < 5; i++) {
  console.log(i); // 0, 1, 2, 3, 4
}
console.log(i); // 5
```

ES5에서 블록의 유효 범위

```
let i = 10;
for (let i = 0; i < 5; i++) {
  console.log(i); // 0, 1, 2, 3, 4
}
console.log(i); // 10
```

ES6에서 블록의 유효 범위

ES5로 작성한 코드를 크롬 개발자 도구의 Console 패널에서 실행하면 0, 1, 2, 3, 4, 5가 출력됩니다. ES5 문법의 기본적인 특징 중 하나가 '변수의 유효 범위가 블록 단위로 제한되지 않는다'라는 점입니다. 따라서 `var i = 10;`으로 변수 i 값을 선언한 상태에서 for문의 초기 값에 `var i = 0`을 선언하면 for문 밖에서 선언했던 변수 i의 값을 다시 선언하는 것과 같은 효과가 나타납니다. 따라서 for문이 끝나고 난 후 { } 밖에서 `console.log(i);`를 실행하면 for문의 최종 실행 결과가 출력됩니다.

반대로 ES6의 출력 결과는 for문 실행이 끝난 후에도 for문을 실행하기 전의 값인 10이 동일하게 출력됩니다. for문에서 초기 값을 let으로 선언했기 때문에 `let i=0;`의 유효 범위가 for문 내부로 제한된 것입니다. 이처럼 ES6의 let으로 변수를 선언하면 { } 안으로 변수의 유효 범위가 한정됩니다.

화살표 함수

화살표 함수(Arrow Functions)는 기존 ES5의 함수 정의 방식을 간소화한 문법입니다. 아래 코드를 함께 살펴보겠습니다.

```
var sumNumbers = function(a, b) {
  return a + b;
};
```
ES5에서 함수 정의 방식

```
var sumNumbers = (a, b) => {
  return a + b;
};
```
ES6에서 함수 정의 방식

위 코드는 앞에서 보았듯이 인자 값 2개를 합산하는 함수 표현식입니다. `sumNumbers(10, 20)`를 실행하면 두 코드의 결과 값이 30으로 똑같습니다. 이렇게 함수를 선언할 때 function()으로 길게 선언할 필요 없이 =)로 간단하게 선언할 수 있습니다. 이와 같은 방식으로 코드를 구성하면 구현 속도도 빨라지고 코드의 전체 길이도 짧아집니다.

Import와 Export

import와 export는 자바스크립트 모듈화와 관련된 기능입니다. 모듈화란 코드를 특정 기능이나 로직 단위로 구분하여 각각의 모듈로 관리하는 것을 말합니다. 각 모듈은 다

참고 ▶ 모듈화 지원 라이브러리가 궁금하다면 'requirejs amd'와 'common js'를 검색해 보세요.

른 모듈에 영향을 주지 않고 독립적으로 실행할 수 있어야 하죠. 자바스크립트는 원래의 언어 자체에 이런 모듈화 기능이 없기 때문에 라이브러리나 프로그래밍 패턴 등으로 모듈화를 지원해 왔습니다. 예를 들어, CommonJS, RequireJS 등 모듈화를 지원하는 라이브러리를 이용해 원하는 시

점에 특정 자바스크립트 파일을 로딩하거나 독립적인 실행 영역을 보장받을 수 있습니다. 또는 다음과 같은 프로그래밍 패턴으로 변수가 서로 충돌하는 것을 방지할 수 있습니다.

```
var nameSpaceA = {
  num: 10
};

var nameSpaceB = {
  num: 20
};
console.log(nameSpaceA.num); // 10
console.log(nameSpaceB.num); // 20
```

프로그래밍 패턴으로 모듈화하는 코드

위 코드는 모듈화 기법 중 네임스페이스(name space)를 활용하여 num 변수의 범위가 충돌하지 않게 모듈화하는 코드입니다. 이렇게 되면 num 값이 10과 20으로 각각의 네임스페이스에 보존됩니다. 여러 개의 자바스크립트 파일을 사용할 때 변수가 서로 충돌하지 않게 하기 위해 사용하는 일반적인 프로그래밍 기법입니다.

하지만 매번 이렇게 변수의 유효 범위를 구분해 주기 위해 모듈화 패턴을 사용하는 건 번거롭겠죠. 이러한 수고를 덜어 주고자 ES6는 언어 자체에서 import와 export로 모듈화를 지원합니다.

> **!** 알아두면 좋아요! **자바스크립트에 모듈화가 필요한 이유**
>
> 자바스크립트는 변수의 유효 범위가 파일 단위로 구분되지 않습니다. 기본적으로 같은 유효 범위를 갖죠. 그래서 복잡한 애플리케이션을 작성하다 보면 기존에 정의된 변수를 실수로 재정의하거나 유효 범위가 충돌하는 경우가 발생합니다. 따라서 이런 문제를 방지하기 위해 모듈화가 필요합니다.

import란 한 파일에서 다른 파일의 내용을 불러올 때 사용합니다. export는 한 파일의 특정 기능을 다른 파일에서 사용할 수 있도록 설정할 때 사용합니다. 다음과 같이 말이죠.

```
// ./app/login.js
export const id = 'test';

// ./main.js
import { id } from './app/login.js';
console.log(id);
```

import와 export의 예제

위 코드는 main.js 파일에서 app/login.js 파일의 id 값을 불러와 콘솔로 출력하는 예제입니다.
main.js 파일을 실행하는 시점에 login.js 파일에 선언된 일부 내용(변수 id)을 불러와 main.js 파일
의 로직에서 사용하였습니다. 이 동작을 그림으로 나타내면 아래와 같습니다.

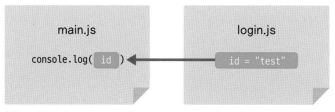

실행 시점에서 main.js와 login.js의 관계

뷰 싱글 파일 컴포넌트 체계에서 import와 export 살펴보기

앞의 내용을 바탕으로 뷰 싱글 파일 컴포넌트 체계를 다시 살펴보겠습니다. webpack-simple 프
로젝트에서 아래와 같은 뷰 파일이 2개 있다고 가정합시다.

```
<template>
  <div id="app">
    <Login></Login>
  </div>
</template>

<script>
import Login from './Login.vue';

export default {
  components: {
    'Login': Login
  }
}
</script>
```

App.vue 파일

```
<template>
    <h1>로그인 컴포넌트</h1>
</template>
```

Login.vue 파일

앞의 App.vue 파일에 컴포넌트로 등록된 Login 컴포넌트는 Login.vue 파일 내용과 동일합니다.
왜냐하면 import로 Login.vue 파일의 내용을 가져와서 Login이라는 객체에 담고, Login 객체를
components 속성에서 컴포넌트로 등록했기 때문입니다. 참고로, import 대상 파일에 export가
정의되어 있지 않으면 기본적으로 파일의 모든 내용이 export됩니다.

여기서 Login.vue 파일의 내용을 보면 〈h1〉을 포함하는 간단한 〈template〉만 있습니다. 따라서
npm run dev 명령어로 애플리케이션을 실행했을 때 App.vue 파일에 Login.vue 파일의 내용이
포함되어 화면에 표시됩니다.

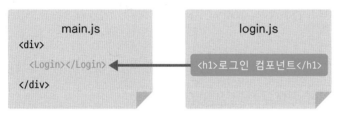

App.vue 파일에서 Login.vue 파일의 내용을 import한 모습

지금까지 뷰 개발에 도움 되는 ES6 문법을 살펴봤습니다.

07-4 뷰 CLI에서 사용하는 NPM

NPM 소개

지금까지는 뷰 CLI로 프로젝트를 구성하고 실행할 때 npm install, npm run dev와 같은 명령어를 사용했습니다. NPM(Node Package Manager)의 정의에 대해서는 02장에서 이미 살펴본 바 있습니다. 즉, '전 세계 자바스크립트 라이브러리가 존재하는 공개 저장소'라고 설명했는데, 자바스크립트의 활용 범위가 넓어지면서 자바스크립트 라이브러리를 쉽게 다운로드할 수 있는 NPM은 현대 웹 앱에서는 없어서는 안 될 도구입니다. 따라서 이러한 패키지 관리 도구 1개 정도는 자유자재로 다룰 줄 알아야 복잡한 뷰 프로젝트도 쉽게 구성할 수 있습니다.

이번 절에서는 뷰 CLI를 사용할 때 알고 있으면 좋을 만한 NPM 기능을 살펴보겠습니다.

- NPM 설치 명령어
- 전역 설치 vs 지역 설치
- NPM 커스텀 명령어

NPM 설치 명령어

NPM에서 가장 흔하게 사용되는 명령어는 npm install이라는 설치 명령어입니다. npm install 명령어를 명령 프롬프트 창에 입력하면 npm 설정 파일(package.json)에 설정된 라이브러리 목록을 다운로드할 수 있습니다. 앞에서 뷰 CLI로 webpack-simple 프로젝트를 생성할 때 사용했었죠. 여기서 웹팩 추가 설정을 위해 플러그인 라이브러리나 애플리케이션 로직과 관련된 외부 라이브러리를 추가하려면 어떻게 해야 할까요? --save 옵션과 --save-dev 옵션을 활용하면 됩니다.

npm install --save 옵션과 --save-dev 옵션

--save 옵션과 --save-dev 옵션은 모두 해당 라이브러리를 프로젝트 폴더에 다운로드하는 옵션입니다. 두 옵션의 차이점은 단지 npm 설정 파일의 라이브러리 목록에 설치된 라이브러리 이름이 추가되는 곳만 다르다는 것입니다. 다음 코드를 보겠습니다.

```
"dependencies": {
  "vue": "^2.4.4"
},
```

```
"devDependencies": {
  "babel-core": "^6.26.0",
  "babel-loader": "^7.1.2",
  "babel-preset-env": "^1.6.0",
  "babel-preset-stage-3": "^6.24.1",
  "cross-env": "^5.0.5",
  "css-loader": "^0.28.7",
  "file-loader": "^1.1.4",
  "vue-loader": "^13.0.5",
  "vue-template-compiler": "^2.4.4",
  "webpack": "^3.6.0",
  "webpack-dev-server": "^2.9.1"
}
```

webpack-simple 프로젝트의 package.json 파일

뷰 CLI로 생성한 webpack-simple 프로젝트의 package.json 파일 일부입니다. dependencies 속성에는 뷰 코어 라이브러리가 추가되어 있고, devDependencies 속성에는 웹팩과 관련된 라이브러리가 추가되어 있습니다. 이미 짐작했을지 모르겠지만 dependencies 속성에는 애플리케이션을 동작시키는 데 필요한 라이브러리가 들어가고, devDependencies 속성에는 애플리케이션을 개발할 때 필요한 라이브러리가 들어갑니다.

라이브러리를 설치할 때 npm install --save 명령어를 사용하면 dependencies 속성에 라이브러리 이름이 추가되고, npm install --save-dev 명령어를 사용하면 devDependencies 속성에 라이브러리가 추가됩니다. 아래와 같이 말이죠.

```
● ● ●                    🖿 vue-todo — -bash — 80×5
Gihyos-MacBook-Pro:vue-todo gihyojoshuajang$ npm install lodash --save
+ lodash@4.17.4
updated 1 package in 4.582s
Gihyos-MacBook-Pro:vue-todo gihyojoshuajang$
```

npm install lodash --save 명령어 입력 결과

```
"dependencies": {
    "lodash": "^.4.17.4",  ┤── 추가됨
    "vue": "^2.4.4"
},
```

package.json 파일의 dependencies 속성에 추가된 lodash 라이브러리

앞쪽의 화면과 위 코드는 npm install --save 명령어로 로대시(lodash)라는 자바스크립트 라이브러리를 설치한 결과입니다. dependencies 속성에 lodash 라이브러리가 버전과 함께 추가되었습니다.

이번에는 반대로 npm install lodash --save-dev 명령어를 입력해 보겠습니다.

```
●●●                      vue-todo — -bash — 80×14
Gihyos-MacBook-Pro:vue-todo gihyojoshuajang$ npm install lodash --save-dev
npm notice save lodash is being moved from dependencies to devDependencies
+ lodash@4.17.4
updated 1 package in 4.632s
Gihyos-MacBook-Pro:vue-todo gihyojoshuajang$
```

npm install lodash --save-dev 명령어 입력 결과

```
"devDependencies": {
    "babel-core": "^6.26.0",
    "babel-loader": "^7.1.2",
    "babel-preset-env": "^1.6.0",
    "babel-preset-stage-3": "^6.24.1",
    "cross-env": "^5.0.5",
    "css-loader": "^0.28.7",
    "file-loader": "^1.1.4",
    "lodash": "^.4.17.4",  ┤── 추가됨
    "vue-loader": "^13.0.5",
    "vue-template-compiler": "^2.4.4",
    "webpack": "^3.6.0",
    "webpack-dev-server": "^2.9.1"
}
```

npm install lodash --save-dev 명령어 실행 후 package.json 파일의 변화

기본적으로 npm install 명령어를 입력하면 모든 라이브러리를 설치할 수 있지만 이러한 차이점이 있다는 것을 알아두세요.

전역 설치와 지역 설치

뷰 CLI를 설치할 때 사용한 -global 옵션을 기억하나요? npm install vue-cli -global 명령어를 실행하고, 명령 프롬프트 창에서 vue 명령어를 입력하면 뷰 프로젝트 구성과 관련된 도움말이 표시되었습니다.

여기서 사용한 -global 옵션은 해당 라이브러리를 시스템 레벨에 설치하는 옵션입니다. 방금 전에 살펴본 --save와 --save-dev 옵션은 해당 프로젝트에 라이브러리 파일을 다운로드하죠. 만약 옵션 없이 npm install 명령어만 입력해도 동일하게 해당 프로젝트에 라이브러리 파일을 다운로드할 수 있습니다. 이처럼 -global 옵션을 이용해 시스템 레벨에 설치하는 것을 전역 설치라고 합니다. 그리고 --save, --save-dev 같이 해당 프로젝트에 설치하는 것을 지역 설치라고 합니다. 그럼 전역 설치와 지역 설치가 어떻게 다른지 확인해 보겠습니다.

아래 그림은 새 폴더를 하나 생성한 후 앞에서 사용했던 webpack-simple 프로젝트의 package. json 파일을 복사해온 폴더 구조입니다.

npmtest 폴더에 package.json 파일을 추가한 모습

위 폴더 위치에서 명령 프롬프트 창을 열고 npm install webpack -g 명령어를 입력합니다.

> **참고** -g는 -global 옵션의 약어입니다. install 명령어 역시 i로 줄일 수 있습니다. 예) npm i webpack -g

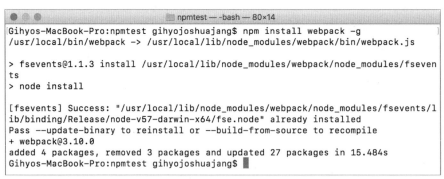

```
● ● ●                    npmtest — -bash — 80×14
[Gihyos-MacBook-Pro:npmtest gihyojoshuajang$ npm install webpack -g
/usr/local/bin/webpack -> /usr/local/lib/node_modules/webpack/bin/webpack.js

> fsevents@1.1.3 install /usr/local/lib/node_modules/webpack/node_modules/fseven
ts
> node install

[fsevents] Success: "/usr/local/lib/node_modules/webpack/node_modules/fsevents/l
ib/binding/Release/node-v57-darwin-x64/fse.node" already installed
Pass --update-binary to reinstall or --build-from-source to recompile
+ webpack@3.10.0
added 4 packages, removed 3 packages and updated 27 packages in 15.484s
Gihyos-MacBook-Pro:npmtest gihyojoshuajang$ ▮
```

npm install webpack -g 명령어 입력 결과

설치는 제대로 되었는데 앞에서 생성한 폴더에는 아무것도 추가되지 않았습니다. 왜냐하면 라이브러리를 현재 폴더 위치가 아닌 전역(시스템 레벨)에 설치했기 때문입니다.

그럼 이번에는 다음과 같이 npm install webpack 명령어를 입력합니다.

npm install webpack 명령어 입력 결과

라이브러리를 설치했다는 메시지와 함께 폴더 구조를 살펴보면 다음과 같이 node_modules 폴더가 추가된 것을 확인할 수 있습니다. node_modules 폴더를 열어보면 아래에 웹팩과 관련된 라이브러리 파일들이 설치되어 있습니다.

node_modules에 웹팩 라이브러리가 설치된 화면

지금까지 NPM 설치 명령어와 설치 명령어 옵션에 대해서 알아봤습니다.

NPM 커스텀 명령어

뷰 CLI로 구성한 프로젝트를 실행할 때 npm run build와 npm run dev 명령어를 사용했습니다. npm run build 명령어는 웹팩으로 프로젝트를 빌드할 때 사용했고, npm run dev 명령어는 프로젝트를 웹팩 데브 서버로 구동할 때 사용했죠. 이 명령어들은 어디에서 튀어나온 것일까요? 아래 코드를 살펴보겠습니다.

```
"scripts": {
  "dev": "cross-env NODE_ENV=development webpack-dev-server --open --hot",
  "build": "cross-env NODE_ENV=production webpack --progress --hide-modules"
},
```

npm 설정 파일의 scripts 속성

위 코드는 npm 설정 파일(package.json)의 scripts 속성 코드입니다. dev 속성과 build 속성을 보면 여러 가지 옵션 값이 들어가 있는 걸 알 수 있습니다. dev 속성은 웹팩 데브 서버를 실행하는 명령어와 함께 --open과 같은 추가 옵션들을 주었고, build 속성은 웹팩 빌드를 실행하는 명령어와 함께 --progress와 같은 추가 옵션들을 주었습니다. 이 dev 속성과 build 속성이 npm run으로 명령어를 실행할 때의 대상 속성입니다. 따라서 명령 프롬프트 창에 npm run dev 명령어를 입력하면 webpack-dev-server --open --hot 명령어를 입력한 것과 같은 효과를 얻을 수 있습니다.

이와 같은 방식으로 npm 설정 파일의 scripts 속성에 원하는 명령어를 추가하고, 해당 명령어를 실행했을 때 동작하는 옵션들을 정의할 수 있습니다. 이렇게 하면 매번 긴 명령어를 입력하지 않고 'npm run 명령어' 형식으로 간단하게 입력하여 실행할 수 있죠. 프로젝트가 커지고 웹팩 설정 파일이 복잡해지면 scripts 속성 안에 명령어를 추가하여 사용해 보세요.

지금 당장 실무에서 써먹는
Vue.js

현장
밀착
취재!

지금까지 뷰로 애플리케이션을 개발하기 위한 필수 요소, 기반 지식, 프로젝트 구성 방법을 살펴보고 실제 뷰 애플리케이션까지 개발해 봤습니다. 이제 뷰로 웹 앱을 쉽게 개발할 수 있다는 자신감이 생겼으니 바로 실무에 뷰를 적용해 보고 싶겠죠? 하지만 기존에 구현되어 있는 제이쿼리, JSP와 같은 코드에 뷰를 적용하려니 어디서부터 어떻게 적용해야 할지 생각보다 막막할 것입니다.

부록에는 기존 레거시 코드에 뷰를 적용하여 개선할 때 도움이 될 만한 팁들을 모아봤습니다. 이미 많은 사용자들이 사용하고 있는 제이쿼리 기반의 기존 라이브러리(플러그인, 차트 등)를 뷰와 함께 써야만 하는 상황에서 어떻게 뷰와 완벽하게 통합할 수 있는지 알아보겠습니다. 그리고 최신 웹 트렌드인 프로그레시브 웹 앱을 시작하는 방법도 함께 살펴보겠습니다.

Tip 1 뷰와 제이쿼리를 같이 사용해도 되나요?

Tip 2 개발 기간이 너무 짧은데 기존 레거시 코드에 어떻게 뷰를 바로 적용하죠?

Tip 3 뷰에 UI 라이브러리와 차트를 어떻게 연동할까요?

Tip 4 뷰로 프로그레시브 웹 앱을 개발하려면 어떻게 시작해야 하죠?

뷰와 제이쿼리를 같이 사용해도 되나요?

뷰에서 제이쿼리가 과연 필요할까?

제이쿼리(jQuery)는 현재 대다수의 기업 시스템에서 활용하고 있는 자바스크립트 라이브러리입니다. 2006년에 등장한 이래로 많은 기업에서 도입하여 기업용 시스템을 구축하였습니다. 이제막 새로운 웹 기술로 사업용 서비스를 구축하는 스타트업을 제외하고는 대부분의 기업용 시스템이 이미 제이쿼리로 구현되어 있다 해도 과언이 아니죠. 왜냐하면 프런트엔드 프레임워크의 대중화가 시작된 지도 얼마 되지 않았고, 웹 페이지에서 더 나은 사용자 경험을 제공하는 동적 화면 구성에 대한 수요 역시 최근에서야 높아졌기 때문입니다.

따라서 기존 제이쿼리에 익숙한 개발자들이 뷰를 배우고 나면 실제로 개발할 때 가장 먼저 하게 되는 질문이 있습니다. 바로 '뷰와 제이쿼리를 어떻게 같이 사용하나요?'입니다. 이 질문에 대한 해답을 알려주기 전에 먼저 고민해 봐야 하는 부분은 '뷰 프레임워크에서 제이쿼리를 반드시 사용해야 하느냐?'라는 부분입니다.

많은 웹 개발자들이 제이쿼리를 선호하는 이유는 순수 자바스크립트에 비해 화면 돔 요소 조작과 ajax 같은 데이터 요청을 쉽게 할 수 있기 때문입니다. 제이쿼리로 코딩하면 순수 자바스크립트를 사용할 때보다 훨씬 편하게 코딩을 할 수 있고 코드의 양도 확실히 줄어듭니다. 그런데 과연 이러한 제이쿼리의 특성이 뷰에서도 필요할까요?

정답은 '뷰에서 제이쿼리는 필요 없다'입니다. 제이쿼리처럼 뷰에서도 화면의 요소를 쉽게 접근할 수 있는 ref 속성을 제공합니다. 또한 화면의 특정 요소 이벤트도 v-on 디렉티브로 처리할 수 있습니다. 다음은 같은 동작을 하는 코드를 각각 제이쿼리와 뷰로 구현한 것입니다.

```
//HTML 코드
<button id="btn">시작</button>
<p id="pEl"></p>
//스크립트 코드
$('#btn').click(function() {
  $('#pEl').text('jQuery');
});
```

```
//HTML 코드
<button v-on:click="clickBtn">시작</button>
<p ref="pEl"></p>
//스크립트 코드
methods: {
  clickBtn: function() {
    this.$refs.pEl.innerText = 'Vue';
  }
}
```

제이쿼리 코드

뷰 코드

두 코드 모두 [시작] 버튼을 클릭하면 〈p〉 태그에 제이쿼리는 'jQuery'를, 뷰는 'Vue'를 각각 삽입합니다.

[시작] 버튼을 클릭했을 때 결과 화면

뷰와 제이쿼리 모두 〈button〉 태그를 클릭했을 때 이벤트를 감지하여 〈p〉 태그에 텍스트 값을 넣어 줍니다. 결론적으로, 제이쿼리에서 구현할 수 있는 기능이라면 뷰에서도 모두 구현할 수 있으므로 굳이 제이쿼리를 함께 사용할 필요가 없습니다.

뷰와 제이쿼리의 잘못된 동거

또한 뷰의 template 속성으로 화면을 렌더링하면 중간 과정에서 가상 돔이 개입합니다. 따라서 인스턴스 라이프 사이클을 정확히 이해하지 못한 상태에서 제이쿼리를 함께 사용하면 오류가 발생하기 쉽습니다. 그 예로 다음 코드를 살펴보겠습니다.

```
<template>
  <div id="app">
    {{ msg }}
    <button id="btn">시작</button>
    <p id="pEl"></p>
  </div>
</template>

<script>
export default {
  data () {
    return {
      msg: 'Hello Vue.js!'
    }
  },
  created() {
    $('#btn').click(function() {
      $('#pEl').text('jQuery');
```

```
    });
  }
}
</script>
```

싱글 파일 컴포넌트 체계에서 잘못 구현한 제이쿼리 코드

위 코드는 앞서 살펴봤던 제이쿼리 예제를 .vue 파일의 인스턴스 라이프 사이클 훅인 created()에 추가하여 구현한 예제입니다. 〈button〉 태그를 클릭했을 때 제이쿼리로 〈p〉 태그에 텍스트를 삽입하는 코드죠. 화면에는 동일하게 [시작] 버튼이 있고, 클릭하면 〈p〉 태그에 텍스트 값으로 'jQuery'를 삽입해야 합니다. 하지만 실제로 버튼을 클릭해 보면 아무런 반응도 일어나지 않습니다.

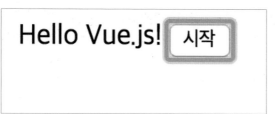

[시작] 버튼을 클릭해도 아무런 반응이 없는 화면

버튼이 정상적으로 동작하지 않는 이유를 생각해 볼까요? 03장 인스턴스 라이프 사이클에서 살펴봤던 내용을 더듬어보면 인스턴스가 생성된 시점인 created 라이프 사이클 훅에서는 아직 화면의 돔 요소에 접근할 수 없다고 했습니다. 따라서 $('#btn')는 〈template〉 상에 `<button id="btn">`가 있더라도 코드를 실행하는 시점에서는 〈button〉 태그를 인식하지 못합니다. 따라서 .click() 이벤트가 수행되지 않습니다.

즉, 뷰와 제이쿼리의 화면 요소 접근 방식에는 서로 차이가 있기 때문에 혼용하지 않는 것이 좋습니다. 그럼 어떻게 제이쿼리로 뷰 template의 화면 요소를 조작할 수 있을까요? 다음 팁에서 살펴보겠습니다.

개발 기간이 너무 짧은데 기존 레거시 코드에 어떻게 뷰를 바로 적용하죠?

앞에서도 살펴봤지만 일단 뷰를 사용할 때 제이쿼리 사용은 지양해야 합니다. 왜냐하면 뷰 프레임 워크 자체만으로도 이미 제이쿼리가 제공하는 기능을 다 구현할 수 있기 때문입니다. 그럼에도 불구하고 실무에서는 기존에 구현해 놓은 제이쿼리 UI(jQuery UI) 같은 제이쿼리 기반의 라이브러리를 어쩔 수 없이 사용해야 하는 상황이 있을 수 있습니다. 만약 소프트웨어 개발을 의뢰한 고객의 요구 사항이 제이쿼리 UI 라이브러리라면 어떻게 해야 할까요? 개발 기간이 충분하지 않은 상태에서 뷰로 제이쿼리 UI와 유사한 라이브러리를 만드는 게 더 오래 걸립니다. 따라서 기존 라이브러리를 안전하게 뷰에서 사용할 수 있도록 통합할 줄 알아야 합니다.

이번 팁에서는 제이쿼리 UI 라이브러리 중 날짜 선택기 (Date Picker)를 뷰 프로젝트에 통합해 보겠습니다. 날짜 선택기 라이브러리는 꽤 많은 곳에서 사용되고 있는 제이쿼리 플러그인입니다. 모양은 아래와 같습니다.

참고 날짜 선택기뿐만 아니라 다른 형태의 자바스크립트 라이브러리도 지금부터 살펴보는 방식과 비슷하게 통합할 수 있습니다.

◀		December 2017				▶
Su	Mo	Tu	We	Th	Fr	Sa
					1	2
3	4	5	6	7	8	9
10	11	12	13	14	15	16
17	18	19	20	21	22	23
24	25	26	27	28	29	30
31						

제이쿼리 UI 날짜 선택기 라이브러리 모양

그럼 뷰 CLI로 webpack-simple 프로젝트를 구성하여 위 라이브러리를 추가해 보겠습니다.

참고 만약 뷰 CLI 사용 방법이 익숙하지 않다면 05-2를 참고하세요.

제이쿼리와 제이쿼리 UI 라이브러리 연동

뷰 CLI로 프로젝트 구성을 마쳤다면 이제 제이쿼리와 제이쿼리 UI 라이브러리를 연동해 봅시다. webpack-simple 프로젝트에 제이쿼리 라이브러리를 연동하는 방법은 크게 2가지입니다.

> • CDN을 이용하는 방법: index.html 파일에 〈script〉 추가
> • 웹팩 추가 플러그인을 사용하는 방법: 웹팩 설정 파일(webpack.config.js)에 ProvidePlugin 설정 추가

두 번째 방법이 첫 번째 방법보다 결합도는 더 높지만 웹팩의 동작 원리를 알고 있어야 사용할 수 있습니다. 그럼 일단 간편하게 적용할 수 있는 첫 번째 방법으로 해보겠습니다.

참고▶ 여기서 결합도가 높다는 말은 웹팩으로 프로젝트 구조를 만들 때 웹팩과 더 잘 통합된다는 의미입니다.

제이쿼리와 제이쿼리 UI의 CDN 주소는 검색 엔진에 각각 jquery cdn과 jquery ui cdn을 입력하여 검색합니다. 여기서는 빠른 진행을 위해 CDN을 가져올 수 있는 사이트 링크와 각 라이브러리 CDN 주소를 아래에 정리하였습니다.

사이트 역할	URL
제이쿼리의 CDN 목록	https://jquery.com/download/#other-cdns
제이쿼리 UI의 CDN 목록	https://code.jquery.com/ui/
제이쿼리의 CDN 주소	https://ajax.googleapis.com/ajax/libs/jquery/3.2.1/jquery.min.js
제이쿼리 UI의 CDN 주소	https://code.jquery.com/ui/1.12.1/jquery-ui.js
제이쿼리 UI CSS의 CDN 주소	https://code.jquery.com/ui/1.12.1/themes/base/jquery-ui.css

1. 프로젝트의 index.html 파일에 위 제이쿼리 CDN 주소와 제이쿼리 UI CDN 주소로 〈script〉 태그를 추가합니다. 새로 추가하는 〈script〉 태그의 위치는 기존 `<script src="/dist/build.js">`의 바로 위입니다.

```
<!DOCTYPE html>
<html lang="en">
  <head>
    <meta charset="utf-8">
    <title>vue-jquery-ui-datepicker</title>
    <link rel="stylesheet" href="https://code.jquery.com/ui/1.12.1/themes/base/jquery-ui.css">
  </head>
```

제이쿼리 UI CSS의 CDN 주소

```
<body>
    <div id="app"></div>
    <script src="https://ajax.googleapis.com/ajax/libs/jquery/3.2.1/jquery.min.js">
</script>
    <script src="https://code.jquery.com/ui/1.12.1/jquery-ui.js"></script>
    <script src="/dist/build.js"></script>
  </body>
</html>
```

제이쿼리 CDN 주소

제이쿼리 UI의 CDN 주소

CDN으로 제이쿼리와 제이쿼리 UI 라이브러리를 추가한 코드

그리고 제이쿼리 UI 라이브러리의 스타일링을 위해 CSS CDN 주소를 사용합니다. 〈head〉 태그 내부의 맨 아래에 〈link〉 태그를 추가하고 href 속성에 CDN 주소를 추가합니다.

2. 이제 CDN을 이용하여 로딩한 제이쿼리와 제이쿼리 UI 라이브러리가 정상적으로 동작하는지 확인해 보겠습니다. src 폴더 밑에 App.vue 파일의 기존 내용을 다 지우고 아래와 같이 작성합니다.

```
<template>
  <div id="app">
    App 컴포넌트
  </div>
</template>

<script>
export default {
  created() {
    console.log($.fn.jquery);
    console.log($.ui.version);
  }
}
</script>
```

라이브러리 로딩을 확인하기 위한 App.vue 코드

위 코드는 기존에 초기 화면을 구성하던 코드를 모두 삭제하고, 제이쿼리와 제이쿼리 UI 라이브러리가 정상적으로 로딩되는지 확인하는 코드입니다. App 컴포넌트의 인스턴스가 생성되고 나면 바로 created()에 정의된 로직을 실행합니다. 첫 번째 로그는 제이쿼리의 최신 버전인 3.2.1를 출력하고, 두 번째 로그는 제이쿼리 UI 라이브러리의 최신 버전인 1.12.1을 출력합니다.

3. 변경된 파일 내용을 저장하고 다시 화면을 실행하면 개발자 도구의 콘솔에 다음과 같은 결과가 표시됩니다.

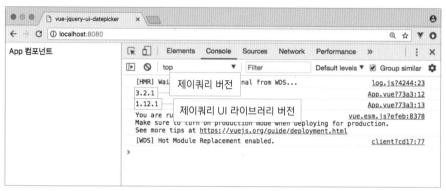

제이쿼리와 제이쿼리 UI 라이브러리 버전이 콘솔에 출력된 화면

제이쿼리 UI 라이브러리의 날짜 선택기 위젯 구현

프로젝트를 구성하고 필요한 라이브러리까지 CDN으로 연동했으니 이제 제이쿼리 UI 라이브러리로 날짜 선택기 위젯을 구현해 보겠습니다. 기존 제이쿼리 기반의 웹 앱에서 날짜 선택기를 구현하려면 인풋 박스를 하나 생성한 후 클릭했을 때 .datepicker()를 호출했습니다.

4. App.vue 파일에 인풋 박스를 1개 추가하고, 클릭했을 때 .datepicker()를 호출하는 로직을 mounted() 안에 추가합니다. 기존 라이브러리 버전을 확인하는 created() 코드는 삭제합니다.

```
<template>
  <div id="app">
    App 컴포넌트 <br>
    <input id="calendar">
  </div>
</template>

<script>
export default {
  mounted() {
    $('#calendar').datepicker();
  }
}
</script>
```

인풋 박스를 클릭했을 때 날짜 선택기가 표시되는 App.vue 코드

앞 코드는 〈input〉 태그에 id 값으로 calendar를 주고, 제
이쿼리 선택자 $()를 이용하여 datepicker()를 호출하는

참고 〈br〉은 HTML 문서 상에서 줄 바꿈하는 태그입니다.

코드입니다. 여기서 중요한 점은 인스턴스 라이프 사이클 훅 중 mounted에 제이쿼리 로직을 추가했다는 것입니다. 앞에서 라이브러리 버전을 확인할 때는 created()를 사용했는데, 제이쿼리 로직을 수행할 때는 mounted()를 사용한 이유는 무엇일까요?

〈template〉 안의 HTML 태그에 접근할 수 있는 시점이 뷰의 가상 돔이 화면의 특정 요소에 부착되고 난 시점인 mounted()이기 때문입니다. [Tip1]에서 다루었듯이 mounted의 이전 라이프 사이클 단계인 created에서는 〈template〉에 정의한 돔 요소에 접근할 수 없습니다.

5. 4번 코드를 실행하고 인풋 박스를 클릭하면 아래와 같이 날짜 선택기가 표시됩니다.

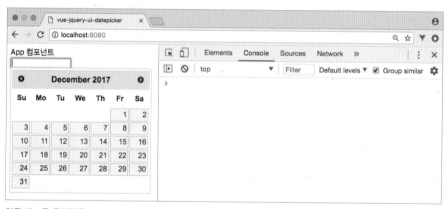

인풋 박스를 클릭했을 때 날짜 선택기가 표시된 화면

날짜 선택기 위젯 컴포넌트화

지금까지 제이쿼리 UI 라이브러리를 이용하여 날짜 선택기 위젯을 구현하였습니다. 이렇게 뷰 로직에 제이쿼리 로직을 계속 섞어서 개발하다 보면 나중에 코드를 추적하거나 관리하기가 어려워집니다. 따라서 날짜 선택기 위젯 부분만 컴포넌트로 분리하여 관리할 수 있게 코드를 구조화해 보겠습니다.

6. src 폴더 밑에 DatePicker.vue 파일을 하나 생성하고, **4**번에서 제작한 날짜 선택기 코드 부분을 가져와 다음과 같이 그대로 추가합니다.

```
<template>
  <input id="calendar">
</template>


<script>
export default {
  mounted() {
    $('#calendar').datepicker();
  }
}
</script>
```

DatePicker.vue 파일에 날짜 선택기 코드 추가

7. DatePicker.vue 파일을 App.vue 파일의 지역 컴포넌트로 아래와 같이 등록합니다.

```
<template>
  <div id="app">
    App 컴포넌트<br>
    <DatePicker></DatePicker>      ──── 날짜 선택기 표시
  </div>
</template>


<script>
import DatePicker from './DatePicker.vue'      ──── 날짜 선택기 컴포넌트 로딩


export default {
  components: {
    DatePicker                                  ──── 날짜 선택기 컴포넌트 등록
  }
}
</script>
```

App.vue 파일의 지역 컴포넌트로 DatePicker.vue 파일 등록

여기서 components 속성 부분을 보면 기존 컴포넌트 정의 방식인 'DatePicker': DatePicker를 사용하지 않고 DatePicker만 사용했습니다. 이는 ES6의 객체 리터럴에서 제공하는 약식 문법을 사용한 것입니다. 이렇게 하면 DatePicker가 'DatePicker': DatePicker와 동일한 동작을 합니다. 그리고 〈DatePicker〉 컴포넌트 태그를 추가합니다.

8. DatePicker 컴포넌트를 등록한 후 코드를 실행하면 다음과 같이 동일한 결과가 나타납니다.

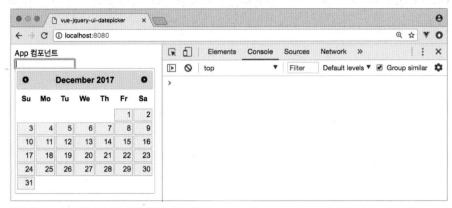

인풋 박스를 클릭했을 때 날짜 선택기가 표시된 화면

이렇게 날짜 선택기 위젯을 컴포넌트로 분리하였기 때문에 App.vue에서 구현한 방식처럼 필요한 화면에서 DatePicker 컴포넌트를 등록하여 사용할 수 있습니다.

뷰에 UI 라이브러리와 차트를 어떻게 연동할까요?

앞에서 살펴본 제이쿼리 외에도 실무에서 뷰를 사용하기 위해 필요한 지식은 바로 UI 라이브러리나 차트 라이브러리를 연동하는 방법입니다.

부트스트랩(Bootstrap) 같은 UI 라이브러리는 뷰가 나오기 전부터 사용되던 라이브러리이기 때문에 일반적으로 제이쿼리 기반의 CDN 방식으로 제공됩니다. 하지만 요즘에는 앵귤러, 리액트, 뷰와 같은 프런트엔드 프레임워크의 사용이 대중화되면서 특정 프레임워크와 더 잘 결합할 수 있는 라이브러리 형태로 제공됩니다. 예를 들면 '앵귤러–부트스트랩' 또는 '리액트–부트스트랩' 라이브러리 같은 라이브러리가 있습니다.

앵귤러-부트스트랩 라이브러리

리액트-부트스트랩 라이브러리

이와 같은 형태의 라이브러리가 제공되는 이유는 대부분의 프런트엔드 프레임워크에서 실제 돔을 조작하지 않고 프레임워크에서 제공하는 기능으로 돔을 간접적으로 조작하기 때문입니다.

예를 들면, 뷰는 특정 돔 요소에 접근하기 위해 ref라는 속성을 사용합니다. 그러나 일반 부트스트랩 라이브러리에서 제공하는 위젯 기능들은 직접 돔을 조작하는 데에 특화되어 있습니다. 따라서 프런트엔드 프레임워크에서 일반 UI 라이브러리를 사용하려면 위젯을 동작시키기 위해 특정 코드를 직접 추가하여 구현해야 합니다. 하지만 이러한 추가 구현은 프런트엔드 프레임워크 및 UI 라이브러리의 동작 원리를 정확히 모르는 입문자들에게는 높은 장벽입니다. 그래서 각 개발 프레임워크 커뮤니티에서 잘 결합되어 있는 형태의 UI 라이브러리를 제공하고 있습니다.

뷰-부트스트랩 라이브러리 사용하기

뷰 역시 마찬가지로 뷰 – 부트스트랩 라이브러리가 있습니다.

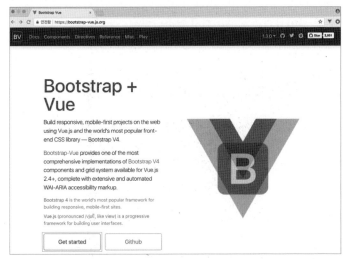

뷰 – 부트스트랩 라이브러리 사이트

홈페이지 메인 화면만 봤을 때는 기존 부트스트랩 라이브러리와 큰 차이가 없습니다. 그러나 [Get Started] 버튼을 클릭하여 Getting Started 페이지로 가면 뷰에 특화된 설치 방법이 나옵니다.

뷰-부트스트랩 라이브러리 설치 방법이 소개된 화면

뷰 CLI로 프로젝트를 생성하는 게 익숙한 사용자에게는 npm 명령어를 이용한 라이브러리 설치가 유용하게 느껴질 겁니다. 그리고 npm 명령어로 설치한 라이브러리를 main.js 파일에서 import로 불러와 Vue.use()에 담는 것 역시 뷰 개발자에게는 익숙한 패턴입니다. 이렇게 뷰 개발자가 좀 더 편하게 부트스트랩을 사용할 수 있도록 라이브러리가 제공되고 있습니다.

하지만 여기서 주의할 점이 있습니다. 뷰의 경우 나온 지 얼마 되지 않았기 때문에 인기가 많은 몇 개의 라이브러리를 제외하고는 이런 형태의 라이브러리를 찾기 어렵다는 점입니다. 그런 경우 이런 라이브러리가 나오길 기다리는 것보다는 기존의 일반 라이브러리를 뷰 프레임워크에 잘 결합할 줄 아는 것이 훨씬 도움이 됩니다. 그럼 일반 부트스트랩 라이브러리와 차트 라이브러리를 연동하는 방법에 대해서 살펴보겠습니다.

뷰와 일반 부트스트랩 라이브러리 연동하기

먼저 외부 라이브러리를 연동하기 위한 뷰 프로젝트를 생성합니다. 그리고 부트스트랩 라이브러리는 CDN으로 로딩합니다. 부트스트랩 라이브러리 CDN 주소는 https://getbootstrap.com/docs/4.0/getting-started/introduction/에서 복사해 사용하거나 다음 표를 참고하세요.

CDN 용도	URL 이름
부트스트랩 CSS	https://maxcdn.bootstrapcdn.com/bootstrap/4.0.0-beta.2/css/bootstrap.min.css
부트스트랩 자바스크립트	https://code.jquery.com/jquery-3.2.1.slim.min.js https://cdnjs.cloudflare.com/ajax/libs/popper.js/1.12.3/umd/popper.min.js https://maxcdn.bootstrapcdn.com/bootstrap/4.0.0-beta.2/js/bootstrap.min.js

1. index.html에 부트스트랩 CSS CDN, 자바스크립트 CDN을 각각 아래와 같이 추가합니다. 〈link〉와 〈script〉 태그의 위치와 순서에 주의하세요.

```
<!DOCTYPE html>
<html lang="en">
  <head>
    <meta charset="utf-8">
    <title>vue-ui-chart</title>
    <link rel="stylesheet" href="https://maxcdn.bootstrapcdn.com/bootstrap/4.0.0-beta.2/css/
bootstrap.min.css">
```

```
  </head>
  <body>
    <div id="app"></div>
    <script src="https://code.jquery.com/jquery-3.2.1.slim.min.js"></script>
    <script src="https://cdnjs.cloudflare.com/ajax/libs/popper.js/1.12.3/umd/popper.min.
js"></script>
    <script src="https://maxcdn.bootstrapcdn.com/bootstrap/4.0.0-beta.2/js/bootstrap.min.
js"></script>
    <script src="/dist/build.js"></script>
  </body>
</html>
```

index.html 파일에 부트스트랩 CDN을 추가한 코드

2. App.vue에 있는 기존 코드를 모두 정리하고 부트스트랩의 간단한 버튼을 추가하는 코드를 아래와 같이 삽입합니다.

```
<template>
  <div id="app">
    <button type="button" class="btn btn-primary btn-lg">Large button</button>
  </div>
</template>

<script>
export default {
  name: 'app',
  data () {
    return {
      msg: 'Welcome to Your Vue.js App'
    }
  }
}
</script>
```

App.vue 파일에 간단한 부트스트랩 버튼을 삽입한 코드

3. 이 애플리케이션을 실행하면 오른쪽과 같은 결과 화면이 나옵니다.

부트스트랩 버튼을 추가한 코드의 실행 결과 화면

부트스트랩 라이브러리는 [Tip 2]에서 다룬 제이쿼리 UI 플러그인과 다르게 index.html 파일에 라이브러리 로딩 스크립트를 추가하여 간단하게 연동할 수 있습니다.

뷰와 차트 라이브러리 연동하기

차트 라이브러리 또한 뷰 – 부트스트랩 라이브러리와 마찬가지로 뷰의 렌더링 방식에 맞춰 지원하는 VueChartJS와 같은 라이브러리가 있습니다. 하지만 아직은 D3, AmChart와 같은 대중적인 차트들은 뷰와 쉽게 결합될 수 있는 형태로 제공되지 않습니다. 따라서 기존의 차트 라이브러리 역시 뷰와 함께 사용할 줄 알아야 실무 레벨에서의 애플리케이션 개발이 가능합니다.

앞에서 연동한 부트스트랩 라이브러리에 이어서 실제로 기업용 애플리케이션에서 자주 사용하는 차트 라이브러리 1개를 같이 연동해 보겠습니다. 차트 라이브러리는 하이 차트(HighChart)를 사용합니다.

> 참고 ▶ 하이 차트 홈페이지(https://www.high-charts.com/)

4. 앞에서 구축한 프로젝트의 index.html에 아래와 같이 하이 차트의 CDN 주소를 추가합니다.

```html
<body>
  <div id="app"></div>
  <script src="https://code.jquery.com/jquery-3.2.1.slim.min.js"></script>
  <script src="https://cdnjs.cloudflare.com/ajax/libs/popper.js/1.12.3/umd/popper.min.js"></script>
  <script src="https://maxcdn.bootstrapcdn.com/bootstrap/4.0.0-beta.2/js/bootstrap.min.js"></script>
  <script src="https://code.highcharts.com/highcharts.js"></script>   ← 하이 차트 CDN 주소
  <script src="/dist/build.js"></script>
</body>
```

index.html 파일에 하이 차트 라이브러리 CDN 주소를 추가한 코드

5. src 폴더 밑에 Chart.vue 파일을 새로 생성하고 아래와 같이 코딩합니다.

```
<template>
  <div id="container" style="width:100%; height:400px;"></div>
</template>

<script>
export default {
  mounted() {
    Highcharts.chart('container', {
      chart: {
        type: 'bar'
      },
      title: {
        text: 'Fruit Consumption'
      },
      xAxis: {
        categories: ['Apples', 'Bananas', 'Oranges']
      },
      yAxis: {
        title: {
          text: 'Fruit eaten'
        }
      },
      series: [{
        name: 'Jane',
        data: [1, 0, 4]
      }, {
        name: 'John',
        data: [5, 7, 3]
      }]
    });
  }
}
</script>
```

하이 차트 코드를 추가한 Chart.vue 코드

위 코드는 하이 차트 공식 사이트에 나와 있는 막대(bar) 차트의 샘플을 이용한 코드로, 두 사람의 과일 소비량을 막대 그래프로 나타낸 것입니다.

차트를 연동하기 위해 〈template〉 안에는 차트를 표시할 간단한 〈div〉 태그를 지정하고 너비와 높이를 지정합니다. 그리고 〈script〉에는 mounted()를 추가하고 하이 차트에서 제공하는 막대 차트 예제 코드를 추가합니다. 하이 차트 예제 코드는 https://www.highcharts.com/docs/getting-started/your-first-chart에서 가져옵니다.

6. App.vue에서 Chart.vue를 컴포넌트로 등록하고 〈template〉에 컴포넌트 태그를 추가합니다.

```
<template>
  <div id="app">
    <button type="button" class="btn btn-primary btn-lg">Large button</button>
    <Chart></Chart>          ── 차트 표시
  </div>
</template>


<script>
import Chart from './Chart.vue'          ── 차트 컴포넌트 로딩

export default {
  name: 'app',
  data () {
    return {
      msg: 'Welcome to Your Vue.js App'
    }
  },
  components: {
    Chart              ── 차트 컴포넌트 등록
  }
}
</script>
```

Chart 컴포넌트 코드를 추가한 App.vue 코드

[Tip 2]의 **7**번과 같은 방법으로 Chart 컴포넌트를 import하고, components 속성에 등록합니다. 등록한 컴포넌트는 〈Chart〉로 화면에 표시합니다.

7. 변경된 코드를 저장하고 다시 브라우저를 실행하면 아래와 같은 화면이 나옵니다.

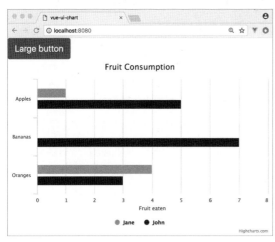

뷰로 차트 그래프와 부트스트랩 위젯을 그린 화면

지금까지 뷰를 실무에서 바로 활용할 수 있도록 대중적인 제이쿼리를 비롯한 외부 라이브러리 연동 방법에 대해서 알아봤습니다.

뷰로 프로그레시브 웹 앱을 개발하려면
어떻게 시작해야 하죠?

요즘 프로그레시브 웹 앱(PWA, Progressive Web App)이라는 단어가 업계에 심심치 않게 들립니다. 현장 실무자라면 그리고 웹 트렌드를 쫓고 있는 분이라면 최소한 한 번쯤은 들어봤을 법한 용어죠. 만약 이제 막 뷰로 웹 앱을 만들기 시작했는데, 갑자기 팀장님 혹은 대표님이 '우리 프로그레시브 웹 앱으로 한번 만들어 볼까요?'라고 하면 어떻게 하겠습니까? 프로그레시브 웹 앱이 뭔지도 모르는 상황에서는 무엇부터 시작해야 할지 막막할 겁니다. 이 코너에서는 프로그레시브 웹 앱이 뭔지 그리고 뷰로 어떻게 프로그레시브 웹 앱을 개발할 수 있는지 가볍게 살펴보겠습니다.

프로그레시브 웹 앱이란?

프로그레시브 웹 앱은 2015년 구글에서 사용하기 시작한 새로운 웹 용어입니다. 구글의 공식 웹 기술 문서에는 다음과 같이 정의되어 있죠. '웹에 놀라운 사용자 경험을 제공하는 새로운 방법(A new way to deliver amazing user experiences on the web)'. 이 말을 좀 더 이해하기 쉽게 풀어서 설명하면 '사용자에게 편의성을 제공하기 위해 빠른 성능과 애플리케이션 아이콘, 애플리케이션 설치, 푸시 알람 기능을 제공하는 웹 앱'이라고 할 수 있습니다.

무슨 말인지 잘 이해되지 않나요? 아래 그림을 함께 살펴보겠습니다.

| 사용자 유도를 위한 웹 앱 설치 배너 | 바탕화면 아이콘 클릭으로 웹 앱 시작 | 모바일 앱과 유사한 웹 앱 시작 화면 | 오프라인에서도 동작하는 모습 |

프로그레시브 웹 앱 특징(출처: 구글 공식 웹 기술 블로그)

앞 그림은 프로그레시브 웹 앱의 전형적인 특징을 나타내는 4가지 화면입니다. 첫 번째 화면은 포켓몬 도감을 확인할 수 있는 웹 사이트에 들어갔을 때, 사용자가 해당 웹 사이트를 다시 편하게 방문할 수 있도록 하단에 웹 앱 설치 배너를 표시하는 그림입니다. 이 웹 앱 설치 배너를 클릭하면 두 번째 화면처럼 바탕화면에 애플리케이션 아이콘이 설치됩니다. 그리고 애플리케이션 아이콘을 클릭하여 프로그레시브 웹 앱을 시작하면 세 번째 화면처럼 모바일 앱 느낌의 시작 화면(launch screen)이 나옵니다. 웹 앱을 브라우저에 나타낼 때와는 전혀 다른 모습이죠. 그렇게 실행된 웹 앱을 살펴보면(네 번째 화면) 상단에 브라우저 주소 창이 없어 모바일 앱 같은 느낌을 줍니다.

이처럼 기존의 브라우저에서 웹 앱을 나타내는 방식에서 한 걸음 더 나아가 사용자들에게 편의성과 접근성을 제공하는 웹 앱이 바로 프로그레시브 웹 앱입니다.

뷰로 어떻게 프로그레시브 웹 앱을 구현할 수 있을까요?

일단 뷰로 프로그레시브 웹 앱을 개발하려면 뷰를 알기 전에 프로그레시브 웹 앱을 구현할 줄 알아야 합니다. 그러려면 웹 앱 매니페스트(web app manifest) 파일과 서비스 워커(service worker)라는 상당히 큰 주제들을 공부해야 합니다. 이 주제만으로도 책 한 권의 분량이죠. 그런데 다행히 뷰 CLI에서 프로그레시브 웹 앱을 잘 몰라도 뷰와 프로그레시브 웹으로 구성된 프로젝트를 생성할 수 있는 프로젝트 템플릿을 제공합니다. 앞서 05장 뷰 CLI에서 소개했던 vue init pwa 옵션입니다.

그럼 뷰 CLI를 이용하여 뷰와 프로그레시브 웹 앱 프로젝트를 구성해 보겠습니다. 먼저 편한 위치에 빈 폴더를 하나 생성합니다. 해당 폴더 위치에서 명령 실행 프롬프트 창을 열고 다음과 같이 입력합니다.

```
● ● ●                    vue-pwa — -bash — 83×28
[Gihyos-MacBook-Pro:Desktop gihyojoshuajang$ cd vue-pwa
[Gihyos-MacBook-Pro:vue-pwa gihyojoshuajang$
[Gihyos-MacBook-Pro:vue-pwa gihyojoshuajang$ pwd
/Users/gihyojoshuajang/Desktop/vue-pwa
[Gihyos-MacBook-Pro:vue-pwa gihyojoshuajang$ vue init pwa

[? Generate project in current directory? Yes 현재 디렉터리에 프로젝트를 생성?
[? Project name vue-pwa 프로젝트 이름은?
[? Project short name: fewer than 12 characters to not be truncated on homescreen
s (default: same as name) PWA 시작 화면에 표시될 프로젝트 이름은?
[? Project description A Vue.js project 프로젝트 정보?
[? Author joshua1988 <jangkeehyo@gmail.com> 제작자 이름?
[? Vue build standalone 빌드 방식?
[? Install vue-router? No 뷰 라우터 설치 여부?
[? Use ESLint to lint your code? No 문법 검사 라이브러리를 설치할까요?
[? Setup unit tests with Karma + Mocha? No 단위 테스트 라이브러리를 설치할까요?
[? Setup e2e tests with Nightwatch? No End to End 테스트 라이브러리를 설치할까요?

    vue-cli · Generated "vue-pwa".

   To get started:

     npm install
     npm run dev

   Documentation can be found at https://vuejs-templates.github.io/webpack

Gihyos-MacBook-Pro:vue-pwa gihyojoshuajang$ ▓
```

vue-pwa 폴더를 만들고 뷰 프로그레시브 웹 앱 프로젝트를 생성하는 명령어

vue-pwa라는 새로운 폴더를 생성하고, cd vue-pwa 명령어를 이용하여 새 폴더로 이동합니다. 그리고 vue init pwa 명령어를 이용하여 프로그레시브 웹 앱 구조의 뷰 프로젝트를 생성합니다.

프로젝트가 생성되고 나면 webpack-simple 프로젝트와 마찬가지로 프로젝트 구성 관련 질문들이 나옵니다. 프로젝트를 생성할 위치, 이름, 정보, 제작자, 빌드 방식 등과 같은 일반적인 질문과 함께 뷰 라우터, 문법 검사, 테스트 라이브러리 등의 애플리케이션 동작과 관련된 세부적인 질문들이 표시되죠. pwa 프로젝트는 webpack-simple이 아닌 webpack 프로젝트를 기반으로 만들어졌기 때문에 한두 가지를 제외하고는 webpack 프로젝트가 생성될 때 동일한 질문이 표시됩니다.

프로젝트 정보와 관련된 일반적인 질문들은 최대한 기본 값을 활용하고, 추가 라이브러리는 설치하지 않는 방향으로 질문에 답합니다. 그런 다음 npm install을 이용해 package.json 파일에 설정된 라이브러리를 설치합니다.

npm install 명령어 이용해 관련 라이브러리를 설치한 화면

이제 npm run dev 명령어를 입력해 프로젝트를 실행하면 다음과 같은 화면이 나옵니다.

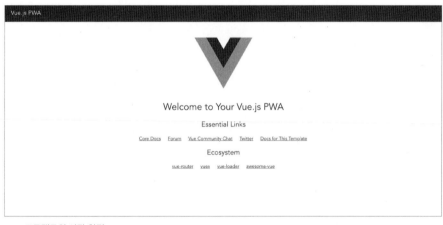

pwa 프로젝트의 시작 화면

이렇게 해서 뷰로 프로그레시브 웹 앱을 개발하기 위한 기본 환경 구성을 마쳤습니다. 이제부터는 여러분의 몫입니다. 아래에 안내한 자료를 참고하여 멋진 프로그레시브 웹 앱을 만들어 보세요.

프로그레시브 웹 앱 공식 문서: https://developers.google.com/web/progressive-web-apps/

웹 프로그래밍 코스

Web Programming Course

웹 기술의 기본은 HTML, CSS, 자바스크립트!
기초 단계를 독파한 후 응용 단계로 넘어가세요!

기초
단계

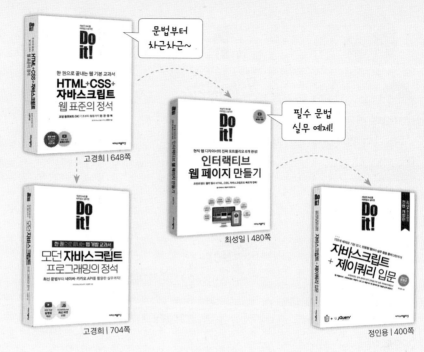

문법부터
차근차근~

필수 문법
실무 예제!

고경희 | 648쪽

최성일 | 480쪽

고경희 | 704쪽

정인용 | 400쪽

응용
단계

김운아 | 344쪽

니꼴라스, 강윤호 | 296쪽

니꼴라스, 김형태 | 248쪽

니꼴라스, 김준혁 | 256쪽

나는 어떤
코스가
적합할까?

A 웹 퍼블리셔가 되고 싶은 사람

- Do it! HTML+CSS+자바스크립트
  웹 표준의 정석
- Do it! 인터랙티브 웹 만들기
- Do it! 자바스크립트+제이쿼리 입문
- Do it! 반응형 웹 페이지 만들기
- Do it! 웹 사이트 기획 입문

B 웹 개발자가 되고 싶은 사람

- Do it! HTML+CSS+자바스크립트
  웹 표준의 정석
- Do it! 모던 자바스크립트 프로그래밍의 정석
- Do it! 클론 코딩 줌
- Do it! 클론 코딩 영화 평점 웹서비스 만들기
- Do it! 클론 코딩 트위터
- Do it! 리액트 프로그래밍 정석

앱 프로그래밍 코스

자바, 코틀린, 스위프트로 시작하는 앱 프로그래밍!
나만의 앱을 만들어 보세요!

기초 단계

Do it! 자바 완전 정복
김동형 | 856쪽

Do it! 코틀린 프로그래밍
황영덕 | 680쪽

Do it! 안드로이드 앱 프로그래밍
정재곤 | 800쪽

Do it! 깡샘의 안드로이드 앱 프로그래밍 with 코틀린
강성윤 | 720쪽

Do it! 스위프트로 아이폰 앱 만들기 입문
송호정, 이범근 | 704쪽

응용 단계

Do it! 플러터 앱 프로그래밍
조준수 | 500쪽

Do it! 리액트 네이티브 앱 프로그래밍
전예홍 | 856쪽

Do it! 프로그레시브 웹앱 만들기
김응석 | 576쪽

나는 어떤 코스가 적합할까?

A 빠르게 앱을 만들고 싶은 사람

- Do it! 안드로이드 앱 프로그래밍
  — 개정 8판
- Do it! 깡샘의 안드로이드 앱
  프로그래밍 with 코틀린 — 개정 2판
- Do it! 스위프트로 아이폰 앱 만들기
  입문 — 개정 6판
- Do it! 플러터 앱 프로그래밍 — 개정판

B 앱 개발 실력을 더 키우고 싶은 사람

- Do it! 자바 완전 정복
- Do it! 코틀린 프로그래밍
- Do it! 리액트 네이티브 앱 프로그래밍
- Do it! 프로그레시브 웹앱 만들기